AF367773

# LES ENFANTS CÉLÈBRES

1ʳᵉ SÉRIE IN-8°

Les deux jumeaux devenaient de jour en jour plus carressants.
(P. 17.)

# LES
# ENFANTS
## CÉLÈBRES

PAR

## E.-J. CHAUMETTE

Six gravures

## LIMOGES
EUGÈNE ARDANT ET C<sup>ie</sup>

ÉDITEURS

# ENFANTS CÉLÈBRES

## APPIUS

La république romaine marchait vers sa ruine et l'empire allait naître. Antoine, Octave et Lépide désolaient l'État par des proscriptions et des supplices. Chaque jour de nouveaux arrêts de morts ou d'exil venaient frapper toutes les classes de la société. Les triumvirs faisaient passer le niveau ensanglanté de leur tyrannie sur toutes les têtes, si bien que même les plus illustres n'échappaient point à cette justice politique qui a toujours l'air d'une vengeance.

Parmi ceux qui venaient d'être compris dans une dernière liste de proscrits se trouvait un vieillard qui, deux fois, avait été nommé consul; il avait blanchi et s'était courbé sous le poids des affaires publiques; aussi le peuple avait pour lui une si grande vénération, qu'on se disputait l'honneur de lui servir d'appui quand

il allait de sa maison au Sénat; car c'était à
peine si le consul Appius pouvait marcher, tant
il était vieux et infirme. Lorsqu'il apprit l'arrêt
dès triumvirs qui le bannissait de Rome à per-
pétuité, arrêt contre lequel personne n'aurait
osé protester, tant la puissance des proscrip-
teurs était grande, Appius s'indigna de l'ingra-
titude des hommes, et comme il était sans
secours, sans fortune; comme, accablé de fatigues, il ne se sentait plus assez de force pour
obéir à l'édit dont il était victime, et encore
moins pour entreprendre un long voyage, il
prit la résolution de demeurer chez lui, espé-
rant bien que les triumvirs ne tarderaient pas
à le faire mettre à mort, pour le punir de sa
désobéissance. Le vieux consul ne s'était pas
trompé; les ordres les plus sévères avaient
été donnés pour rechercher et punir de mort
ceux qui ne se soumettraient pas à l'arrêt de
proscription. Déjà plusieurs des malheureux
bannis qui s'étaient refusés à quitter Rome
avaient dû payer de leur vie cet imprudent
amour du sol natal; déjà on s'étonnait que le
célèbre vieillard n'eût pas subi le sort de ses
frères en proscription, lorsque le jeune Appius,
son fils, qui depuis quelque temps était en

porte eut avis du danger qui menaçait son
vénérable père ; aussitôt le pieux enfant re-
tourne sur ses pas, et revient à Rome en toute
hâte, pour disputer aux bourreaux la tête de
l'illustre romain.

Bien décidé à mourir, le consul Appius
résista longtemps aux instances du jeune homme, qui le suppliait à genoux, les larmes aux
yeux, d'obéir à l'ordre suprême qui le bannissait. « Pourquoi, disait la victime résignée,
ferais-je tant de chemin ? A quoi bon aller chercher la mort si loin, quand je puis l'attendre
ici ? D'ailleurs, à mon âge et avec mes infir-
mités, je ne pourrais pas même aller jusqu'au-
delà des portes de Rome ; on me tuerait dans
la rue, j'aime mieux mourir dans mon lit. »

Ainsi parlait le vieillard, alors que son fils
s'efforçait, par les plus tendres paroles, par les
plus vives sollicitations, de le faire revenir de
son funeste dessein. Pourtant le soir allait
venir, et c'était ce soir même qu'expirait le
délai accordé au consul Appius pour sortir de
Rome. L'illustre banni était sans peur, sans
regrets pour lui-même ; mais il ne pouvait voir
sans attendrissement le violent désespoir du
jeune Appius. « Vous ne pouvez pas marcher,

lui dit son fils, eh bien! fiez-vous à mon courage.
Puisqu'il faut que vous soyez sorti de Rome
avant le coucher du soleil, soyez certain que la
nuit ne vous trouvera pas dans Rome; si vos
pieds ne peuvent vous porter, je vous porterai,
moi, et, croyez-le bien, je ne succomberai pas
en chemin, car les dieux me donneront des
forces. »

Vaincu enfin par les prières de son fils, le
vieil Appius consentit à tout ce qu'il voulut.

Ce fut un grand et sublime spectacle que
celui-là; un tout jeune homme, dont les bras
paraissaient faibles, mais dont le cœur était
fort, portait dans les rues un vénérable vieillard, qui pesait sur lui de tout le poids de son
âge, et cependant le jeune homme marchait
librement, tête levée et le visage joyeux.
Chargé de ce précieux fardeau, que l'amour
filial lui rendait léger, il suivit les voies popu-
leuses, les grandes places de Rome, et partout
où il passait, le peuple lui faisait place avec
respect; les plus courageux même osaient
crier : « Vivent les deux Appius! » car on avait
reconnu le vieux consul et son fils.

Les satellites du pouvoir, émus eux-mêmes
de cet admirable dévouement d'un fils, hésitè-

tant à imposer silence aux vivats de la multitude ; d'ailleurs ils ne pouvaient s'opposer au départ d'Appius, car l'heure qui lui avait été fixée pour franchir les portes de la ville n'était point encore expirée, et ils n'avaient ordre de tuer le consul qu'après le moment marqué pour l'exécution de l'arrêt de bannissement. Mais cette heure approchait, et le peuple voyait en tremblant qu'il restait encore au jeune Appius beaucoup de chemin à faire pour sauver le consul du péril qui le menaçait : « Courage ! » lui criaient les hommes en battant des mains. — « Courage ! » disaient les femmes avec des larmes dans la voix. Tous, jusqu'aux petits enfants, lui répétaient : « Courage ! » Et le jeune Appius marchait toujours, et la sueur lui coulait du front, et il sentait avec terreur que ses genoux fléchissaient sous lui, et que la force allait lui manquer. « Y suis-je bientôt ? » demandait-il, haletant, tant sa pensée était troublée, tant ses yeux mouillés de pleurs l'empêchaient de se rendre compte de la route qu'il avait déjà parcourue. « Encore cent pas ! » lui répondit-on. Il voulut s'arrêter pour reprendre haleine, mais il ne lui restait plus que quelques secondes pour arriver au terme fatal ! « Marchez ! marchez ! » lui criait le peuple. Il fit un dernier effort, dépassa la porte de Rome, et après avoir déposé son père sur le bord du chemin, il tomba évanoui.

Mais le consul n'était point encore sauvé ; il ne lui suffisait point d'être sorti de Rome, il fallait encore, pour obéir à la loi, qu'il s'éloignât du territoire de la république. A la faveur de la nuit, Appius parvint à conduire le proscrit jusqu'au bord de la mer : là ils trouvèrent un vaisseau qui les emmena tous deux en Sicile.

Pour que le souvenir de cette action vertueuse ne fût pas perdu pour la postérité, on l'inscrivit dans les fastes de la république. Appius, rappelé à Rome quand la proscription triumvirale eut cessé, y obtint les honneurs du triomphe. Le suffrage populaire le créa édile, et longtemps la république s'honora de le compter au nombre de ses magistrats.

# LES ENFANTS DE SABINUS

NÉS DANS UN SOUTERRAIN PRÈS DE ROME, L'AN 70
DE JÉSUS-CHRIST.

Pendant les troubles qui agitèrent les Gaules sous Othon et Vitellius, la plupart des officiers généraux et nombre de gouverneurs des diverses provinces romaines fomentaient des révoltes, et, comme il n'arrive que trop souvent dans les temps de révolutions, ils ne tendaient pas à moins qu'à envahir la suprême autorité, et à se frayer un chemin à l'empire. Sabinus, seigneur gaulois, né à Langres, fut de ce nombre ; il se fit un puissant parti à force d'or et d'intrigues, et il fut salué empereur.

Le nouvel ambitieux ne jouit pas longtemps de cette dangereuse dignité. Vespasien, qui régnait alors à Rome, marcha à grandes journées contre le rebelle ; il l'atteignit bientôt, le défit, et le laissa sans ressources. Sabinus avait à redouter la vengeance d'un vainqueur inflexible ; pour s'y soustraire, il mit le feu à sa maison, fit courir le bruit qu'il avait péri dans les flammes, et se réfugia ensuite dans de vastes carrières de marbre blanc et de granit, situées à cinq lieues de Rome.

Déchu tout à coup de ses brillants destins, et passant de la grandeur à la plus affreuse misère, Sabinus n'avait pourtant pas tout perdu. Il lui restait un bien infiniment plus précieux que celui qui venait de lui échapper; c'était une jeune épouse dont l'âme et les sentiments étaient encore au-dessus de sa rare beauté. Eponine, dont le nom seul rappelle l'idée des plus excellentes vertus, ne balança point à partager le sort et les dangers de son malheureux époux. Elle alla se confiner dans le même souterrain, et elle y devint mère de deux jumeaux : l'un surnommé Fortis, par rapport à sa force, et l'autre Blandus, à cause de la douceur de son caractère.

Malgré la faiblesse de son sexe, malgré la privation des secours les plus nécessaires, absolument réduite au seul service de Martial, vieil affranchi d'une fidélité à toute épreuve, cette femme courageuse voulut néanmoins allaiter ses deux fils dans son effrayante solitude, et elle réussit au-delà de son attente dans une entreprise si difficile. Les petits jumeaux vécurent et se développèrent dans ces carrières glacées, et procurèrent mille satisfactions à leurs tendres parents par leurs caresses, leur docilité et leur bon naturel.

Les plus vives inquiétudes de l'épouse de Sabinus provenaient surtout des cris de ses chers nourrissons qui retentissaient au loin le long des rochers de l'antre ténébreux; des échos sans fin répétaient tour à tour ces sons alarmants et glaçaient de frayeur la sensible Eponine. Toujours elle appréhendait que des voyageurs écartés ne fussent guidés par le bruit et ne découvrissent enfin son asile.

Les illustres fugitifs passèrent ainsi près de vingt mois dans mille anxiétés déchirantes. Mais les jeunes compagnons de leur captivité eurent à peine atteint leur seconde année, qu'ils commencèrent à sentir la périlleuse situation de leurs parents. Apprenant à se contraindre dans un âge si faible encore, déjà ils évitaient soigneusement ce qui pouvait leur causer quelque inquiétude. Etaient-ils incommodés? souffraient-ils des maux trop communs à l'enfance, ils retenaient leurs pleurs et tâchaient d'étouffer jusqu'au moindre soupir.

Le petit Blandus ayant été assailli un jour d'une colique affreuse, les accès en furent si violents et si multipliés, qu'il se tordait en deux sur les genoux de sa mère éplorée. Les larmes tombaient malgré lui de ses yeux; tout son corps, brûlant d'une fièvre ardente, était baigné de sueur. Près de succomber à la douleur et de jeter les hauts cris, l'enfant eut cependant la force de se contenir. Il appliqua aussitôt ses petites mains contre sa bouche, et comprima de cette sorte les plaintes que la souffrance allait lui arracher.

« Cher enfant, dit le père attendri, ne te retiens pas si longtemps; n'ajoute pas à ton mal un mal plus grand encore; soulage-toi en criant un peu. — Mon papa, répondit l'enfant oppressé, si je criais, cela ferait prendre maman; cela te ferait prendre aussi; j'aime mieux mourir que de faire du bruit. »

Charmé du courage énergique et du bon naturel de son fils, Sabinus le prit entre ses bras, et, le serrant contre sa poitrine, il le baisa à diverses fois. « Quelle consolation pour nous, ô ma tendre amie, disait-il à Eponine, quelle consolation dans notre infortune d'avoir des enfants si sensibles, si prévenants et si sages ! »

Ce qui surtout rendait le jeune Blandus incaressant, c'était l'extrême faiblesse de sa complexion; plus petit de moitié que son frère, il ne jouissait d'aucune santé; amaigri par de continuelles souffrances, ayant la vue presque éteinte par l'obscurité et la fraîcheur du souterrain, cette innocente créature oubliait tous ses maux auprès de sa bonne mère; et les forces qui lui manquaient du côté de son petit corps tout endolori, il les retrouvait au fond de son âme et dans l'amour ardent qu'il portait aux chers auteurs de ses jours.

Les deux jumeaux, en grandissant, devenaient de jour en jour plus caressants et plus aimables; et, ce qui est digne de remarque, c'est que, dénués d'instruction et de secours, la nécessité seule les avait rendus intelligents et pleins d'industrie; de façon qu'ils devinrent fort utiles à leurs malheureux parents dans l'état de détresse et d'abandon où ils languissaient.

Martial, ce fidèle serviteur dont nous avons déjà parlé, était l'unique pourvoyeur des illustres fugitifs. Depuis sept années que ses maîtres vivaient cachés dans un souterrain, il les servait, il les soignait, il veillait à leur sûreté avec une attention infatigable. Il allait de préférence pendant la nuit chercher à Rome les provisions les plns indispensables; puis il revenait de même par des routes solitaires, dans la crainte d'exciter le plus léger soupçon.

Le pauvre affranchi était fort exact dans ses commissions; quelle que fût la pesanteur du fardeau dont il était chargé, toujours il était de retour avant qu'on pût l'espérer. Cependant, s'étant mis une fois en course, afin d'aller chercher à la ville des vêtements chauds et un peu de vin pour Sabinus malade, il tarda bien au-delà du temps accoutumé. Deux jours et deux nuits s'étaient écoulés déjà, et le bon serviteur n'avait pas encore reparu. Oh! combien les heures sont longues quand on souffre et qu'on est dans l'attente! La malheureuse famille était désolée; mais ce qu'il y avait de pire pour elle, c'est qu'elle commençait à éprouver les atteintes de la famine, toujours, hélas! si horrible avec de jeunes enfants! Ajoutez à ces fâcheuses extrémités que plusieurs inconnus rôdaient, contre l'ordinaire, aux environs du souterrain. Eponine ne cessait de veiller; et ce qui augmentait sa frayeur, tandis qu'elle guettait, c'était de voir l'ombre vacillante des corps, au clair de la lune, donnant en plein sur l'un des arceaux de la carrière.

Dans une situation si alarmante, les infortunés trouvèrent heureusement une ressource inespérée : elle leur sembla d'autant plus sûre et plus douce qu'elle provenait des compagnons innocents de leur solitude et de leur abandon. Le petit Blandus, voyant sa mère immobile et plongée dans la douleur, s'approche d'elle d'un air assuré : « Chère maman, lui dit-il à voix basse, permets à mon frère et à moi de sortir demain de grand matin, nous irons voir à la grande roche l'endroit où Martial a coutume de déposer ce qu'il ne peut apporter tout de suite, peut-être aurons-nous de ses nouvelles. »

A cette proposition, Eponine frissonna ; elle se figura d'avance les périls que pouvaient courir ses chers enfants, seuls et sans guide, au milieu d'immenses plaines et d'épaisses forêts. Elle se les figurait déchirés déjà par les bêtes sauvages, et devenus la proie des oiseaux carnassiers. Que faire cependant? Son embarras était inexprimable ; il fallait prendre un parti dans cette conjoncture, et le prendre sans délai, ou bien périr de misère et de faim.

Eponine connaissait la sagacité et l'intelli-

gence peu commune de Blandus, la dextérité
et l'audace de Fortis. Les ayant armés chacun
d'une javeline de fer, elle leur dit, les yeux
baignés de larmes, et le cœur serré de crainte :
« Au nom de votre père, au nom de votre mère,
je vous l'ordonne, mes enfants, ne vous écar-
tez pas au-delà de la grande roche, et revenez
sans tarder. »

Après avoir réitéré à leur mère la ferme pro-
messe d'exécuter ponctuellement ce qu'elle
désirait, après l'avoir embrassée tour à tour,
les deux frères partirent, ils pressèrent le pas,
et ils arrivèrent en peu d'instants à l'endroit
en question.

Quels furent leur surprise et leur effroi à la
vue d'un cadavre dépouillé et percé de plusieurs coups ! « O Dieu ! s'écria le petit Blandus, je crois que c'est Martial ? Il s'approche...
Ah ! mon frère, poursuit-il, c'est lui-même !
sûrement qu'il a été volé et assassiné par des
brigands. »

Les deux jumeaux furent frappés de terreur
à l'aspect de cet affreux spectacle ; Blandus
surtout pensa s'évanouir ; s'étant appuyé contre son frère, il se mit à se lamenter sur ce
nouveau malheur. Fortis, qui était plus calme,

dit à Blandus : « Tais-toi, mon frère, tais-toi : quelque voleur pourrait fort bien nous prendre et nous emporter. Sais-tu ce qu'il nous faut faire ? Courons vite au bois d'Ericine, nous y déracinerons de ces gros panais sauvages dont nous mangions avec le pauvre Martial, et nous y ramasserons des châtaignes pour papa et pour notre chère maman.

L'heure où Eponine attendait ses enfants était passée de beaucoup ; elle ne savait que penser, et de noirs pressentiments l'obsédaient de plus en plus. D'une autre part, son mari était dévoré par une fièvre brûlante ; et, pour étancher sa soif, le malheureux n'avait que de l'eau glacée d'une source qui filtrait à travers un roc du souterrain, et qui formait au dehors différents ruisseaux où venaient se désaltérer les animaux sauvages de ce désert.

Sabinus, en outre, demandait à chaque instant, dans son délire, si son bon serviteur était arrivé, et ce qu'il avait apporté ; il ne cessait aussi d'appeler ses enfants, qu'il ne voyait plus autour de lui.

Quel homme, si robuste qu'il fût, eût pu résister lui-même dans une position si accablante ! Jusqu'où va le courage d'une femme vertueuse et sensible! Dissimulant les causes trop fondées des inquiétudes mortelles qui la dévoraient, Eponine alléguait les plus ingénieux prétextes afin de rassurer son époux infortuné, et pour dissiper les noirs pressentiments qui l'agitaient sans relâche pendant ses cruelles insomnies.

Le soleil avait parcouru plus de la moitié de sa carrière, et la malheureuse Eponine désespérait du retour de ses enfants. Dans les idées affreuses qui l'agitent, elle quitte son mari, et franchit d'un clin d'œil l'espace du souterrain ténébreux. Elle sort... Quelle surprise inattendue! elle aperçut heureusement, de très-loin, les deux petits qui s'acheminaient de son côté

Oubliant ses propres dangers, et ne s'occupant que de ses fils qu'elle croyait morts ou perdus, cette pauvre mère vole au-devant d'eux. Elle les rejoint. La parole lui manque pour leur témoigner la joie qui la transporte; mais elle les baise à chaque pas...

« Tu as donc été bien en peine, chère petite
» maman, dit Blandus, en lui baignant les mains
» de ses pleurs! Ah! nous te faisons mille excu-
» ses. Ce qui nous a tant retardés, c'est que

» nous avons été ramasser des châtaignes et
» des nêfles pour apaiser ta faim ; nous avons
» aussi été cueillir beaucoup de mûres le long
» des buissons, pour rafraîchir notre cher
» papa. »

Portant, tout joyeux, cette provision champêtre dans un panier qu'ils soutenaient par les bouts de la javeline passée en travers, les pauvres enfants étaient hors d'haleine et baignés de sueur. Telle était leur fatigue qu'ils n'en pouvaient plus ; et ils étaient contraints de se reposer à chaque instant, quoique leur chère maman les aidât de son mieux.

Ils regagnèrent enfin leur sombre demeure, et ils racontèrent à leur mère la triste destinée de Martial, leur extrême embarras dans une pareille circonstance, et leur expédient afin de se procurer quelque nourriture. Ravie de la prévoyance, des soins et de la présence d'esprit de ses enfants, Eponine les couvrit de nouveaux baisers ; puis elle les conduisit auprès de leur père, dont l'état l'inquiétait de plu en plus.

Lorsque Sabinus vit reparaître Blandus et Fortis, son mal diminua sensiblement ; il se sentit soulagé tout à coup du poids énorme qui lui suffoquait la poitrine. Mais il apprit avec un chagrin inexprimable la funeste aventure de Martial. Grands dieux ! s'écria-t-il en versant un torrent de larmes, je ne reverrai donc plus mon fidèle affranchi ! O mes enfants, sans lui qu'allons-nous devenir ! Qui nous donnera des nouvelles de Rome ? Qui nous rappellera au souvenir du peu d'amis qui nous restent ? Hélas ! qui nous défendra et qui pourvoira désormais à notre subsistance ?

Comme Sabinus se lamentait ainsi, le petit Blandus lui dit d'un ton pénétré et plein de raison : « Ne te chagrine point, cher papa, » mon frère et moi connaissons parfaitement » les routes du désert que nous avons tant de » fois parcourues avec notre ami Martial ; nous » irons à la chasse comme lui ; nous te cueille-» rons aussi des fruits, des racines ; et je » t'assure que ni toi ni maman ne manquerez » de rien. Oui, oui, papa, ajouta Fortis, à pré-» sent que nous sommes grands, nous te nour-» rirons, et, je te l'assure, nous aurons grand » soin de toi. »

Durant cet entretien si touchant, Eponine, qui s'était écartée pour préparer quelques aliments, reparut avec un grand plat de racines et de châtaignes réduites en bouillie. « Cher ami, dit-elle à son mari, voici ce que nos enfants ont été cueillir dans les bois. Ces mets, tels qu'ils sont, apaiseront toujours notre faim, le contentement et notre société mutuelle en feront l'assaisonnement. »

La famille solitaire se mit à manger avec beaucoup d'appétit, à l'exception de Sabinus, encore affaissé par la fièvre qui ne faisait que de le quitter.

Les petits jumeaux, s'oubliant pour ne s'occuper que de leur bon père, choisissaient attentivement les plus belles mûres, et les lui présentaient avec un air de satisfaction mêlé de respect.

Les malheurs de Sabinus l'avaient éclairé sur l'illusion de ses projets ambitieux ; se rappelant alors ses grandeurs passées, et les comparant avec sa situation actuelle, il dit à son épouse et à ses enfants : « Je vous le proteste, mes bons amis, les liqueurs que des échansons me versaient à pleine coupe dans les jours de notre prospérité, me semblaient moins douces que le jus de ces fruits sauvages ; les viandes délicates que me préparaient à grands frais des chefs de cuisine, m'étaient moins agréables que ces racines agrestes, cueillies et préparées par vous... Les salutations profondes et les honneurs dont je me voyais comblé par une foule de courtisans officieux me flattaient moins que les caresses naïves et sincères que je reçois de vous! »

A ces mots, Sabinus se tut et poussa un profond soupir... « Mais, hélas! ajouta-t-il ensuite, peut-être, ô chers et bons amis, peut-être ne jouirons-nous pas encore longtemps de ce bonheur et de notre paisible solitude! Je ne sais quel secret pressentiment m'avertit que l'empereur parviendra enfin à nous découvrir. La mort de mon pauvre Martial, ces gens qui rôdent depuis longtemps autour de notre retraite, tout m'alarme, tout m'inspire une terreur dont je ne saurais me défendre! »

A ces paroles attendrissantes, le malheureux père prit ses deux fils sur ses genoux; puis, se penchant sur le sein de sa chère Eponine, ils mêlèrent leurs larmes ensemble. et ne cessèrent de répéter avec l'accent de la plus vive douleur : « Pauvres petits innocents! justes dieux! que deviendrez-vous? »

— Tu pleures, papa, interrompit le petit Blandus, tu pleures! oh! rassure-toi! Sais-tu ce que nous ferons, mon frère et moi ? Nous irons demander ta grâce à l'empereur, et nous le prierons si bien qu'il te l'accordera ; oh ! j'en suis bien sûr.

— Que les immortels t'entendent, reprit le bon père ! Puissé-je, moins pour moi que pour votre sensible mère, et pour vous, chèrs enfants, puissé-je sortir en liberté de cette ténébreuse carrière ! Ah ! qu'il me soit permis de vous emmener bientôt au séjour des humains, et de vous rendre enfin à nos parents et à nos amis, si toutefois il nous en reste encore !

— Hélas ! interrompit Eponine, hélas ! après Martial, nous ne pouvons nous flatter d'avoir des amis ! C'est ce brave affranchi qui nous était attaché ! Ah ! que de preuves de dévouement il nous a données depuis huit ans passés que nous sommes ensevelis et que nous gémissons dans ce tombeau.

— A propos, maman, interrompit avec vivacité le petit Blandus, est-ce que nous laisserons ce pauvre Martial exposé comme cela aux oiseaux de proïe ? J'ai remarqué qu'il avait une joue déjà toute déchirée ; si papa voulait me le permettre, j'irais demain avec mon frère le couvrir de sable et de branches d'arbres, et lui rendre les derniers devoirs.

— Que je te serre contre mon cœur, s'écria soudain Sabinus, transporté d'admiration ! O mon fils ! ô mon ami ! ce pieux sentiment me pénètre au-delà de ce que je puis t'exprimer ! J'approuve ta résolution de toute mon âme. Le plus beau service, le devoir le plus sacré, c'est sans contredit celui que nous rendons à la mémoire des personnes qui nous furent chères, et à qui nous devons de la reconnaissance !... Allez vous reposer, mes enfants, et demain, avant le soleil levé, oh ! oui, j'aurai assez de force pour vous accompagner ; demain, de grand matin, nous irons couvrir ensemble la dernière dépouille de notre fidèle et cher Martial.

Toute émue de cette scène touchante, en versant des larmes de tendresse et d'admiration, Eponine, de son côté, ressentit une joie bien douce pour une mère, d'avoir deux fils si bien nés et remplis de sentiments si vertueux ; elle les serra tour à tour contre son sein et les couvrit de baisers : puis ils s'endormirent paisiblement tous trois au milieu de ces délicieuses étreintes.

Quels que fussent les périls que pouvait

courir Sabinus en s'écartant du souterrain, rien cependant ne fut capable de l'arrêter dans son dessein. Dès le lendemain, bien avant que le jour commençât à poindre, il prit une bêche; il donna ensuite à chacun de ses enfants une hache avec un panier d'osier, et ils se transportèrent ainsi, tous trois, vers le rocher au pied duquel gisait le cadavre du malheureux affranchi. Là, tandis que le père était occupé à lever péniblement la terre autour du corps de Martial, les petits jumeaux, de leur côté, coupaient dans la forêt voisine de longs rameaux de chêne et de peuplier, afin de l'en couvrir. Lorsqu'ils eurent formé plusieurs faisceaux, ils les apportèrent avec empressement, et les plantèrent à égale distance sur la sépulture du serviteur fidèle.

Après s'être acquittés de cette pieuse cérémonie, les deux jumeaux supplièrent leur père de rentrer au plus vite dans le souterrain. En effet, le soleil montait déjà sur l'horizon; il courait plus d'un risque de rencontrer quelqu'un et d'être surpris à l'improviste. Après avoir embrassé leur tendre père, Blandus et Fortis coururent à la forêt pour y recueillir d'autres provisions. Comme ils cherchaient de tous côtés des racines et des fruits sauvages, ils trouvèrent une belle ruche remplie de miel, dans le creux d'un arbre. Ayant écarté les abeilles de la manière qu'ils avaient vu faire à Martial, ils enlevèrent les rayons de miel, les placèrent fort proprement sur de larges feuilles de figuier, et répétaient dans la joie de leur cœur : « Oh ! comme maman va se régaler ! »

Une bonne action porte bonheur. Ce jour-là fut remarquable pour nos deux jumeaux, par une autre rencontre qui leur fut très agréable encore ; tandis qu'ils recueillaient le miel, Fortis aperçut un jeune biquet qui posait gentiment ses pattes sur le bord du panier, et qui se mit à brouter avidement les branches de merisier dont il était rempli.

L'enfant était alerte, robuste, et aussi prompt à la course qu'un chevreuil même ; il s'élança sur le chevreau, qui n'était guère plus gros qu'un lièvre ; il le saisit par le milieu du corps, et lui ayant attaché son mouchoir autour du cou, il le conduisit joyeusement à la carrière.

Nos jeunes pourvoyeurs étaient contents au-delà de ce que l'on peut dire ; à peine pouvaient-ils se contenir en voyant bondir et sau-

Les discours de ce prince respiraient une douceur ravissante.
(P. 48.)

ter le petit biquet ; mais ils se réjouirent encore bien davantage lorsqu'ils aperçurent, peu de temps après, la mère du chevreau accourant de loin pour ravoir son petit.

« Ah ! mon frère, s'écria Fortis transporté d'allégresse ; ah ! mon ami, la bonne aventure ! voilà la biche elle-même qui accourt vers son biquet !... Marchons doucement, et prenons bien garde de l'effaroucher. — Bon, bon, reprit Blandus, si elle veut rester avec son petit, nous les nourrirons de feuilles et d'herbes fraîches que nous irons cueillir tous les soirs. Elle nous donnera à son tour de bon lait, et cela fera grand bien à maman et à papa. »

Tout en causant ainsi le long du chemin, nos deux jumeaux regagnèrent leur asile accoutumé ; ils se hâtèrent d'y entrer, en tirant à grand'peine derrière eux le petit biquet, qui se débattait de toute sa force. Quant à la chèvre, comme elle était épouvantée par l'obscurité du souterrain, elle se mit à bêler tristement, et elle y demeura couchée durant toute la nuit.

Empressé d'aller montrer le chevreau, Fortis le prit entre ses bras, et courut l'offrir à son père. D'une autre part, Blandus, à son tour, vint présenter à la maman le miel de la ruche,

des merises, des nèfles, des sorbes, des grena-
des et de grosses mûres qu'il avait cueillies le
long des haies exposées au midi.

Enchantée des soins attentifs de ses chers
enfants, Eponine les embrassa avec tendresse,
puis elle leur dit :

— Mes amis, vos présents nous sont on ne
peut plus agréables; mais nous ne saurions
garder le chevreau.

— Eh! pourquoi donc, maman, reprit vivement Fortis, pourquoi donc cela? il est pourtant bien gentil?

— Cher enfant, murmura la mère, tu ignores
sans doute le chagrin qu'éprouve la pauvre
chèvre à qui tu as enlevé son petit chevreau;
elle l'aime tout au moins autant que je t'aime
moi-même; elle n'a rien de plus cher; si quelqu'un, pour son plaisir, venait t'arracher ainsi
à ton père et à moi, aurais-je lieu d'être contente? serais-tu content toi-même?

— Oh! non, maman, répondit le frère de
Blandus.

— Eh bien! mon fils, pourquoi donc chercher
ta satisfaction aux dépens de cette pauvre
chèvre dont tu viens de troubler le repos et la
liberté? Allez, mes amis, allez, demain de bon

matin, rendre le petit biquet à sa mère désolée, et *sachez que le plaisir qui coûte une seule larme à quelqu'un est indigne d'une âme honnête et sensible.*

Les deux jumeaux, bien trompés dans leur attente, éprouvèrent plus d'un mécompte. Déjà ils avaient préparé des terrines de pierre, adroitement creusées, pour y traire le lait de la chèvre qu'ils ne tenaient pas encore; déjà ils lui avaient préparé une petite étable, et planté au milieu un piquet, afin de l'y fixer; mais les justes représentations de leur maman les firent renoncer à leur projet, et ces dociles enfants prirent leur parti sans murmurer.

Le lendemain, Fortis détacha le chevreau; et, selon les avis d'Eponine, il le conduisit, avec son frère, au-dehors de la caverne, et ils le laissèrent aller. Oh! combien Blandus et Fortis furent étonnés! combien ils furent attendris à l'aspect de la chèvre, qui avait passé la nuit entière à pleurer son petit! Elle était languissamment étendue le long du ruisseau, mais elle était bien loin d'y prendre quelque sommeil, et paraissait toute malade.

De plus loin que la chèvre entendit son chevreau bêler, elle se releva soudain et se mit à bêler elle-même à diverses reprises. « La pauvre bête, dit Blandus à son frère, ah! qu'elle est contente! maman a bien raison. Tiens, regarde donc combien la mère et l'enfant se font de caresses! »

A ces mots, Fortis fit un mouvement qui épouvanta le biquet près de téter; il s'enfuit comme un trait avec sa mère, et les deux jumeaux, ne pouvant se lasser de les regarder, les suivirent longtemps des yeux à travers la plaine, puis sur la cime d'une vieille roche, où ils coururent avec la même légèreté que l'oiseau qui fend l'air.

Blandus et Fortis regardaient toujours la chèvre et son jeune chevreau sur la roche escarpée; comme ils s'avançaient pour les contempler plus à loisir, ils aperçurent une troupe d'hommes à cheval qui allaient au grand galop de leur côté.

— Mon frère, dit Blandus à Fortis, mon frère, fuyons vite! voilà sûrement des cavaliers de l'empereur qui cherchent papa et maman pour les prendre.

— Oh! oui, reprit Fortis en frissonnant; ils regardent par ici, et l'on croirait qu'ils nous appellent; allons avertir papa et maman de se cacher au plus vite.

Les deux jumeaux avaient raison d'être alarmés. A peine furent-ils retournés sur leurs pas, que les cavaliers coururent sur eux à bride abattue. Ils eurent traversé le désert en un clin d'œil, et peu s'en fallut qu'ils n'atteignissent le petit Blandus et son frère au moment qu'ils entraient sous la première voûte du souterrain.

Ayant franchi tout tremblants les détours obscurs du labyrinthe, les pauvres enfants se précipitèrent entre les bras de leur mère, sans pouvoir proférer une parole. « Chers enfants, s'écria Eponine, en les voyant pâles et couverts de sueur, eh! que vous est-il donc arrivé? » — « Maman, maman, éteins la lampe, » répondit Blandus d'une voix entrecoupée; et il ne put en dire davantage... Fortis alors reprit avec l'accent de la douleur : « O ma pauvre mère, cache-toi bien vite, et mon père aussi! les soldats de l'empereur sont là-bas, à l'entrée. »

A peine le petit jumeau eut-il annoncé la fatale nouvelle, que le hennissement des chevaux se fit entendre tout à coup, et les échos de la carrière en retentirent d'une manière effrayante durant quelques minutes.

— Sensible compagne de mes adversités, et vous, chers enfants, dit Sabinus en élevant les mains vers les voûtes de la carrière, c'en est fait, nous sommes perdus !... nous touchons à notre dernière heure !

— Mon ami, reprit Eponine d'un ton ferme et plein d'assurance, gardons-nous de perdre ainsi courage. Depuis neuf années que nous gémissons dans ces tombeaux, nous avons couru bien d'autres périls, dont nous nous sommes heureusement tirés. Ah ! crois-moi, nous échapperons à celui-ci.

Saisi d'une terreur trop fondée, Sabinus s'enfonça précipitamment avec son épouse et ses fils dans le creux de la carrière qui leur avait souvent servi de retraite en d'autres rencontres ; il tenait sa femme entre ses bras, et celle-ci serrait à son tour ses deux enfants contre sa poitrine, afin de les réchauffer. Ces infortunés restèrent ainsi deux jours et deux nuits, osant à peine remuer et respirer, se figurant, au moindre bruit, être au dernier instant de leur déplorable existence ; ils éprouvèrent pendant tout ce temps les alternatives déchirantes de mille craintes cent fois plus cruelles que le trépas lui-même.

Au fond de cet asile impénétrable, les illustres fugitifs pouvaient braver aisément les recherches des satellites acharnés à leur perte; mais ils n'étaient pas inaccessibles aux attaques d'un ennemi beaucoup plus cruel encore : absolument dénués de toute espèce de nourriture, n'ayant pas même une goutte d'eau pour étancher la soif qui les dévorait, ils sentirent qu'il était impossible de rester plus longtemps dans une position si horrible.

Si encore Eponine et Sabinus eussent été seuls, ils auraient attendu patiemment et souffert la mort au fond de leur rocher; mais le moyen de laisser pâtir plus longtemps les innocents compagnons de leurs longues misères? Comment se résoudre à les laisser périr sans nulle ressource ! « Mon ami, dit Eponine à Sabinus, risquons tout, afin de sauver nos chers enfants; sortons de cette retraite, elle n'est plus tenable. Je vois bien que l'empereur est instruit de notre pénible existence; rendons-nous, allons nous jeter à ses pieds et implorons sa clémence. Nous périrons sans doute; mais du moins nous aurons sauvé la vie à ces jeunes innocents... »

Le danger croissait de plus en plus. Une foule de satellites parcouraient çà et là tous les détours du souterrain. D'une main avide ils tenaient leur épée tranchante et toute prête à percer; de l'autre ils agitaient une torche allumée pour guider leurs pas chancelants à travers les ténèbres. Dès que ces hommes féroces apercevaient quelque ouverture entre les pierres, soudain ils y plongeaient leurs glaives jusqu'à la garde, puis ils répétaient avec dépit : « Il n'y a encore rien là-dedans. »

Au milieu de ces affreuses perquisitions, Sabinus sortit enfin de sa retraite avec son épouse et ses enfants. Il dit froidement au premier soldat qu'il aperçut : « Voici ceux que tu cherches; fais ton devoir et conduis-nous à ton maître. »

L'aspect farouche des satellites, leurs imprécations réitérées, les épées brillantes qu'ils tenaient avec menace, et la lueur de ces flambeaux embrasés, tout retraçait un spectacle semblable à celui des furies et des enfers. Eponine, la tendre Eponine, ne put y résister : elle s'évanouit et tomba aux pieds d'un des forcenés. Frappés d'une frayeur subite, les petits jumeaux s'écrièrent avec l'accent du désespoir : « Ne tuez pas maman !... ne tuez pas maman !... »

Depuis neuf années presque révolues, les deux fugitifs, dénoncés par des ennemis secrets, étaient cherchés de toutes parts ; depuis un si long terme ils avaient échappé aux poursuites, et Vespasien désespérait de les jamais trouver. Il est aisé de se peindre la joie des soldats acharnés à leur proie. Saisir cette famille infortunée, la garrotter brutalement et la conduire à Rome, ce fut l'ouvrage de peu d'instants.

Le malheur inspire toujours une tendre commisération, et l'on est toujours volontiers porté à oublier les fautes quand elles sont expiées par le repentir et de grandes qualités. Lorsque Sabinus et son épouse entrèrent dans la ville, une foule prodigieuse de citoyens accourut sur leur passage. Frappé d'admiration pour leur union, leurs vertus et leur constance dans l'adversité, chacun fit des vœux pour que le prince leur pardonnât.

Impatient de voir ses anciens ennemis et de s'en venger, l'empereur, qui dînait alors, ne se donna pas le temps d'achever son repas, il sortit à la hâte, il descendit dans la première salle de son palais, et il attendit avec les seigneurs de sa suite qu'on lui donnât les prisonniers, au nom desquels il frissonnait encore.

Les premiers objets qui s'offrirent aux yeux de Vespasien furent les petits jumeaux liés l'un à l'autre. Les deux innocents se précipitèrent aussitôt à ses pieds; ils lui embrassèrent humblement les genoux qu'ils baignèrent de leurs larmes, et implorèrent sa miséricorde. Emu un instant malgré lui, le prince inflexible repoussa la pitié qui entrait dans son cœur, et se détourna pour ne point les voir. Alors les petits malheureux, levant leurs bras vers lui, répétèrent avec cette énergie que savent si bien inspirer le sang et la nature : « O César! fais grâce à mon père! fais grâce à ma tendre mère! »

La haine et la vengeance sont des passions farouches qui ferment, hélas! l'âme des hommes aux plus doux sentiments de l'humanité. Le spectacle attendrissant des deux innocentes créatures qui sollicitaient le pardon bien mérité des auteurs de leurs jours, et les vœux unanimes des Romains, ne font qu'irriter davantage le vainqueur sans entrailles.

Vespasien, qui se serait immortalisé en admettant au nombre de ses amis les deux illustres captifs, se déshonora à jamais en se vengeant d'un rival qui ne pouvait plus lui sembler dangereux. Il les fit juger militairement sur-le-champ, et ils furent conduits de suite à l'échafaud. Pour comble de barbarie, on arracha sans pitié les enfants aux embrassements de leurs parents ; et, pour toute consolation, Eponine obtint seulement de leur faire passer son portrait, une gerbe de ses cheveux, et des papiers où elle avait tracé l'intéressante histoire de ses malheurs.

Pendant que les fidèles époux terminaient leur misérable vie, les jeunes héritiers de leur misère étaient enfermés dans une tour bâtie sur les bords du Tibre.

Lorsque Blandus et Fortis se virent séparés à jamais des uniques appuis qu'ils eussent au monde, ils ne purent résister à une situation si cruelle ; ils s'abandonnèrent au plus violent désespoir. Vainement on chercha à les consoler ; vainement on leur donna des jouets propres à distraire l'enfance, ils refusèrent tout, jusqu'à la nourriture qui pouvait les sustenter.

Se lamentant et le jour et la nuit, ces pauvres innocents ne cessaient de répéter : « Maman, ma chère maman ! Qu'on nous rende donc papa et notre chère maman, ou qu'on nous fasse mourir aussi. »

Ce fut au milieu de ces cris déchirants, que les jeunes Sabinus, exténués d'inanition et d'insomnie, rendirent le dernier soupir dans leur prison. On les trouva étendus à terre l'un à côté de l'autre, et les bras réciproquement enlacés autour de leur cou.

Ainsi vécurent, pénétrés dès le berceau d'un saint respect envers les tendres auteurs de leurs tristes jours, ainsi moururent ces deux sages et courageux enfants. L'histoire s'est plu à recueillir les traits admirables de leur vie trop courte, parce que rien n'est si beau, rien n'est si touchant, rien n'honore tant l'humanité qu'un cœur sensible et pénétré de reconnaissance. Puissent les enfants de nos jours, puissent ceux qui leur succèderont imiter ces grands exemples de piété filiale ! C'est le plus noble, le plus doux sentiment de la nature ; c'est la base des vertus et la marque distinctive d'une âme bien née.

Une réflexion consolante se présente ici naturellement : le temps, qui détruit tout, ne fait qu'accroître de siècle en siècle l'admiration de la postérité pour les vertus d'Eponine et de ses jeunes fils. Encore aujourd'hui, lorsqu'on visite, non loin de Rome, ce qu'on appelle *I nascondigli di Sabino* ; quand les ciceroni, munis de leurs longs flambeaux, ont parcouru ces immenses carrières épuisées par l'immense et merveilleuse bâtisse du Panthéon; dès qu'ils montrent aux étrangers la grotte ténébreuse et le lit de pierre où reposèrent les illustres infortunés, alors les curieux se sentent profondément émus. Ces grands modèles d'amour conjugal et de piété filiale les saisissent d'un saint respect, et ces traits admirables restent à jamais empreints dans leur âme attendrie.

---

# EDOUARD VI

FILS DE HENRI VIII ET DE JEANNE DE SEYMOUR, NÉ A LONDRES EN 1537, ET MORT EN 1552.

Edouard VI naquit avec une complexion délicate et débile. Cependant, à peine fut-il sorti des mains des femmes, qu'on le mit entre celles de deux instituteurs ; c'étaient les docteurs Fox et Cheex. Le premier, réputé à bon titre pour un homme rempli de probité, prit soin de cultiver les mœurs du petit prince, âgé seulement alors de cinq ans. Le second, très-versé dans les sciences exactes, fut chargé de lui enseigner les mathématiques et les langues.

Ces deux maîtres ne furent pas longtemps sans avoir lieu de s'applaudir de leur emploi. Outre une docilité exemplaire, outre une douceur bien rare dans les enfants des riches, toujours adulés à l'excès par de bas flatteurs, le jeune élève manifesta encore un goût marqué pour l'étude. Dès sa huitième année, il avait assez fait de progrès dans la langue latine, la plus difficile des langues anciennes, pour écrire dans cet idiome à Henri VIII, son père. On ne l'aidait en aucune façon pour cette correspondance ; en effet, comme l'observe un historien, ce prince cruel, et roi bel esprit, n'aurait pas plus épargné son fils que ses femmes, à qui il faisait couper la tête sur les plus légers soupçons.

Afin d'encourager son petit filleul à la culture des sciences, l'archevêque de Cantorbéry lui écrivait toutes les semaines. Le prélat lui

demandait le récit exact de ce qu'il avait
appris durant cet espace de temps. Le soigneux
disciple dressait en conséquence un journal
détaillé de ses études ; il rendait compte à son
parrain, sur une feuille divisée en cinq colon-
nes, de ses connaissances relatives à l'histoire,
à la mythologie, au calcul, à la géographie
et enfin à la morale.

Jérôme Cardan, Italien, et l'un des savants
les plus illustres de son siècle, fut si enchanté
de l'érudition précoce d'Edouard, qu'il lui dé-
dia son livre : *De la vérité des choses*. Il est à
observer que cette dédicace n'était semblable
en rien à la plupart des autres qui, dictées par
la bassesse ou par un vil intérêt, n'ont pour
but que la protection et les récompenses ; c'é-
tait le juste tribut d'une admiration sentie.
Quoique Cardan fût licencieux dans ses mœurs,
et fort dissipateur, il fut pourtant désintéressé
au point de refuser une somme d'argent que le
monarque anglais lui fit offrir en cette occasion.

Parvenu à sa quatorzième année, et toujours souffrant, le jeune Edouard VI n'en possédait pas moins des connaissances très-
variées. Outre l'anglais, il parlait encore assez

correctement le latin et le français; il savait
écrire en grec tout aussi bien que l'infortunée
Jeanne Gray, sa cousine, qui mourut innocente sur l'échafaud à l'âge de dix-sept ans.
L'espagnol et l'italien lui étaient également
familiers, et il composait même de forts jolis
vers dans ces deux langues. Ce n'est pas tout:
ce prince studieux avait acquis des notions
dans les mathématiques, dans la logique, dans
la politique, et il réunissait à un talent solide
beaucoup de talents agréables.

Ainsi que sa physionomie, dit un écrivain
moderne, les discours de cet aimable prince
respiraient une douceur ravissante. Il n'ou-
vrait la bouche que pour proférer des choses
agréables; non moins libéral qu'il était spiri-
tuel et instruit, souvent il demandait de l'argent à son père, et c'était pour le donner à de
pauvres officiers ruinés, ou bien il l'employait
à acheter de bons livres qu'il faisait magnifiquement relier, non pour les garder, mais pour
en faire des présents.

Ce jeune savant couronné eut malheureusement des ministres aussi corrompus qu'il était
vertueux; c'est à leur ambition et non pas à
lui qu'il faut imputer le mal et les troubles

qui arrivèrent durant le court espace de son règne. Il mourut à seize ans, non d'un travail forcé, comme l'ont prétendu quelques historiens, mais des suites d'un poison lent qui lui fut donné par son premier ministre. Quelle perte pour les peuples! Par quelle fatalité faut-il que les princes nés pour le bonheur et la gloire des nations soient précisément ceux que la faux de la mort ou le poignard du crime frappe, hélas! dès les premiers pas qu'ils font dans leur périlleuse carrière!

Ainsi que les enfants des riches et des grands, le jeune Edouard fut entouré dès le berceau d'amusements et de jouets de toute espèce. Son parrain, l'archevêque de Cantorbéry, lui envoya, vers l'âge de cinq ans, un petit buffet garni d'un ménage complet. Les plats, les assiettes, les tasses, les fourchettes, les cuillers, le sucrier, la théière, la soucoupe et la cafetière, rien n'y manquait; et le tout était d'argent poli et supérieurement travaillé.

Le valet de chambre de ce petit prince lui ayant apporté ce joli présent, il lui dit :

— Monseigneur, voici qui est pour vous; mais prenez bien garde que d'autres n'y touchent, car cette vaisselle serait bientôt gâtée.

— Quoi donc ! y penses-tu ? mon cher Spind-brok, répliqua sur-le-champ l'enfant au sot domestique, si personne que moi ne touche à mes joujoux, ah ! qu'on ne m'en donne jamais.

En effet, Edouard était bien différent de ces petits êtres maussades, hautains, égoïstes et gâtés qui ne veulent pas même qu'on regarde leurs joujoux, qui n'offrent jamais rien, qui ne partagent jamais rien avec leurs camarades, et qui gardent tout pour eux.

A peine le ménage eut-il été abandonné au jeune prince, qu'il appela plusieurs des enfants qu'il affectionnait le plus ; il leur fit servir un bon goûter dans sa nouvelle vaisselle, et après ce repas d'amitié, il les invita de la meilleure grâce du monde à prendre chacun celles des pièces qui leur plaisaient le plus, puis il les embrassa cordialement en leur disant : « Mes amis, ne faites point tant de façons, j'en aurai d'autres bientôt. »

# HENRI IV

Henri IV naquit à Pau, en Béarn, le 13 décembre 1558. Il eut pour père Antoine de Bourbon, prince léger, crédule, indécis et d'une désespérante nullité ; mais sa mère fut Jeanne d'Albret, « reine n'ayant de femme que le sexe, l'âme entière aux choses viriles, l'esprit puissant aux affaires, le cœur invincible aux adversités. »

C'est en chantant une chanson béarnaise que la reine de Navarre donna le jour au petit Henri. Nous avons recueilli à Pau cette chanson historique ; l'enfant, comme pour montrer qu'il était le digne fils de cette mère intrépide, entra dans ce monde contre l'ordre commun de la nature, sans crier ni pleurer. Son grand'père, Henri d'Albret, roi de Navarre, lui frotta aussitôt les lèvres d'une gousse d'ail, et lui fit sucer une goutte de vin de Jurançon, faisant voir par là qu'il voulait donner à son petit-fils, non pas les habitudes nobles et efféminées des cours, mais bien les mœurs austères des paysans du Béarn.

Henri et Jeanne d'Albret dirigèrent eux-mêmes l'éducation de cet enfant précieux. Ils défendirent qu'on l'habillât richement, qu'on le flattât, qu'on le traitât de prince, parce que toutes ces choses ne font que donner de la vanité au lieu d'inspirer des idées généreuses. Le futur roi de France et de Navarre fut donc nourri, comme les paysans béarnais, de pain bis, de bœuf, de fromage et d'ail. Souvent on lui faisait faire de longues marches tête et pieds nus, et il acquérait des forces en courant et grimpant comme les autres enfants du pays sur les rochers qui entouraient le château de Corasse, où il fut élevé. « Il a joué avec nos enfants, disaient les bonnes gens du Béarn quand il fut roi; il grimpait avec eux aux montagnes comme un chat maigre. Ah! le bon espiègle que c'était. »

Henri fut amené à Paris à l'âge de cinq ans. Sa grâce, sa force, son agilité faisaient l'admiration de toute la cour. Henri II, alors roi, le prenant un jour sur ses bras, lui dit

— Voulez-vous être mon fils?

— Cela ne se peut pas, puisque voilà mon père.

— C'est vrai; mais voulez-vous être mon gendre?

— Très volontiers.

Le roi de France et Antoine de Bourbon convinrent qu'aussitôt que leurs enfants seraient en âge, le jeune Henri épouserait Marguerite de France, qui était plus âgée que lui d'environ six mois. A huit ans, on mit le jeune prince au collége de Navarre, pour y être institué ès-bonnes-lettres, dit l'historien Pierre-Mathieu. Il y eut pour compagnon le duc d'Anjou qui fut son roi (Henri III), et le duc de Guise qui voulut l'être.

Mais il n'y resta qu'un an : sa mère craignit pour lui le voisinage de la cour corrompue de Henri II. Elle n'avait que trop raison de craindre ; il est vraisemblable que les exemples de débauche et de libertinage qu'il eut sous les yeux firent sur lui une impression dont ses mœurs se ressentirent toute sa vie.

Jeanne d'Albret ramena donc son fils en Béarn, où il reprit son ancienne vie; mais comme sa mère ne voulait pas qu'il fût un illustre ignorant, elle lui donna d'excellents maîtres, entre autres la Gaucherie, homme grave et sévère, puis Florent Chrétien, l'un des littérateurs les plus distingués de son temps.

Le jeune Henri avait trop de vivacité dans l'esprit pour ne pas apprendre avec facilité ce qu'on lui enseignait; il traduisit tout jeune encore les commentaires de César, et l'on prétend que le manuscrit de cette traduction a été gardé longtemps à la bibliothèque du roi.

Il faisait ses délices de Plutarque, qu'Amyot venait de traduire. Napoléon eut depuis les mêmes sympathies littéraires.

Lorsqu'il était encore à la cour de France, un jour, en jouant aux devises, le petit Henri eut à en choisir une; il écrivit deux mots grecs. Catherine de Médicis voulut savoir ce qu'ils signifiaient. C'était : vaincre ou mourir! La reine fut mécontente et trouva qu'on donnait à cet enfant des idées trop élevées, qu'on lui ferait un caractère indomptable.

A l'âge de douze ans, il tirait à l'arc avec le roi Charles IX et les seigneurs de la cour ; les courtisans, moins soucieux de remporter le prix que de plaire au monarque, avaient mis leur adresse à tirer assez maladroitement pour que le roi fût vainqueur. Le duc de Guise lui-même, quoique l'un des meilleurs tireurs du royaume, s'était laissé vaincre par Charles IX. Le jeune prince du Béarn, qui n'entendait rien

à de pareilles finesses, et qui d'ailleurs s'esti-
mait autant que le roi de France, tira de son
mieux, et gagna le roi. Le droit du vainqueur
était de recommencer la partie suivante; Henri
se présente, mais Charles le repousse; ce jeune
prince insiste, nouveau refus du roi :

— Sire, s'écrie l'enfant, tout rouge de colère,
je tire sur vous ou au but, choisissez !

En disant ces mots, il dirige sa flèche vers
la poitrine du monarque. On eut beaucoup de
peine à l'empêcher de tirer et à l'éloigner du
lieu de divertissement. On pouvait prédire
dès lors que cet enfant, qui savait si bien défendre son droit de vainqueur à l'arc, ne ferait
pas bon marché de ses droits plus sérieux à la
couronne de France.

Henri IV était instruit, et citait volontiers,
dans la conversation, des vers latins, surtout
ceux d'Horace; Scaliger disait de lui : « Il ne
faudrait pas mal parler latin devant le roi; car
il s'en apercevrait fort bien. »

Toutefois, on ne voulait pas faire de lui un
savant, mais un guerrier; aussi ses études
furent-elles interrompues de bonne heure. Dès
l'âge de treize ou quatorze ans, on l'envoya

dans les camps apprendre le métier de la guerre.

Il fit pressentir, aussitôt son arrivée, ce qu'il serait un jour.

A treize ans, Henri se trouva à la bataille de Loudun, à la tête des protestants, qui combattaient contre le duc d'Anjou. Il voulait qu'on attaquât l'ennemi au plus tôt; et si l'on eût suivi son conseil, nul doute que l'armée du duc n'eût été vaincue.

Il se distingua aussi à la bataille de Jarnac, en 1569; il n'avait alors que quinze ans. Son oncle, le prince de Condé, ayant été assassiné par Montesquieu à la suite de cette journée, le jeune Béarnais devint le chef du parti calviniste.

La bataille de Moncontour fut aussi perdue parce que l'amiral Coligny ne voulut pas le laisser agir. Après cette défaite, il rassembla les débris de son armée, fit presque le tour du royaume, descendit vers la capitale par la Bourgogne, fit trembler le roi Charles IX sur son trône, et obtint, en 1571, une paix qui faillit lui coûter la vie. C'est vers cette époque que Charles IX proposa au Béarnais de réaliser les projets que Henri II avait eus sur lui lorsqu'il était encore enfant ; il lui offrit la main de Marguerite de Valois. Ce mariage eut lieu en 1571. Ce fut une des époques les plus tristes de la vie d'Henri IV. Son illustre mère, qui était venue à Paris pour les noces, mourut empoisonnée, et il eut la douleur de voir tous ses amis et coreligionnaires, accourus à Paris pour les fêtes de son mariage, périr dans les massacres horribles de la Saint-Barthélemy, dans lesquels il feillit lui-même être enveloppé. « Les livrées de la noce furent vermeilles, dit Péréfixe ; il y eut en France près de cent mille Huguenots égorgés. »

Ici finit la jeunesse de Henri IV.

On rappelle souvent ce mot touchant : Si Dieu me prête vie, je veux qu'il n'y ait en France si pauvre paysan qui ne mette la poule au pot le dimanche. »

Ce bon prince mourut assassiné par François Ravaillac, le 14 mai 1610.

Ce que c'est que d'être bon ! Roi ou simple particulier, on vit éternellement dans la mémoire, dans le cœur de ceux qui vous ont connu, et de ceux-là même qui n'ont qu'entendu parler de vous. Le temps et la fureur des partis ont détruit presque tous les monuments

que les rois avaient fait élever à leur gloire.
Allez à Pau, vous verrez encore le vieux château où naquit Henri IV; vous verrez encore
l'écaille de tortue qui servit de berceau au
jeune Béarnais, et vous ne pourrez voir cela
sans une douce et sainte émotion.

---

# LOUIS XIV

Louis XIV naquit au château de Saint-Ger-
main, le 5 septembre 1638. Son enfance fut
étrangement négligée. On ne songea à le faire
baptiser que lorsqu'il eut atteint déjà l'âge de
quatre ans et demi. Il fut baptisé par l'évêque de Meaux, premier aumônier du roi; il eut
pour parrain le cardinal Mazarin, et pour mar-
raine la princesse de Condé. Il fut nommé
Louis. Au sortir de la chapelle, on le mena
dans la chambre du roi son père, qui lui demanda quel nom il avait reçu. Il répondit :
« Louis XIV. » Cette réponse chagrina le roi,
qui était malade. « Pas encore, pas encore,
mon fils, dit le monarque, mais ce sera peut-
être bientôt, si c'est la volonté de Dieu. »

Louis XIII mourut vingt-trois jours après cet entretien, le 14 mai 1643, et Louis XIV, qui n'avait pas atteint sa cinquième année, monta sur le trône : c'est le plus jeune roi que la France ait jamais eu.

Anne d'Autriche fut nommée régente du royaume, et le cardinal Mazarin premier ministre. La reine se laissa dominer par le cardinal ; et le cardinal, dont l'intérêt était de tenir le roi dans la plus grande incapacité possible, « le fit instruire dans l'ignorance. » L'éducation du jeune roi fut tellement abandonnée que personne n'osait l'approcher. Devenu grand, il parlait de son enfance avec amertume. Il racontait qu'on le trouva un soir tombé dans le bassin du Palais-Royal, où la cour habitait alors.

Le maréchal de Villeroi était gouverneur du jeune roi : il avait pour lui une complaisance sans bornes. Jamais il ne le contrariait, même dans ses fantaisies les plus déraisonnables. Quand le roi lui parlait, il répondait toujours oui, avant même d'avoir entendu. Cette coupable faiblesse faillit coûter la vie au jeune monarque. Il était à Fontainebleau ; après s'être déshabillé pour se coucher, il se mit à faire force sauts et culbutes avant de se mettre dans le lit; le maréchal le laissait faire. Le royal enfant, encouragé par le silence de son gouverneur, ne se modéra pas et fit si bien qu'il tomba à la renverse et alla donner de la tête contre l'estrade. M. de Villeroi accourt; l'enfant reste immobile et mort, mais heureusement il n'était qu'étourdi. M. de Villeroi eut plus de peine de sa peur que l'enfant de sa chute.

A peine lui apprit-on à lire et à écrire. Cette première éducation manquée peut rarement se refaire. Le temps qu'on perd dans l'enfance se répare difficilement. Aussi le roi Louis XIV fut-il ignorant toute sa vie. Les événements les plus simples de l'histoire lui furent toujours inconnus; il tombait souvent, même en public, dans les absurdités les plus grossières.

On raconte qu'il assistait à un motet où le musicien faisait répéter plusieurs fois le mot latin *nycticorax* (oiseau de nuit en français); il demanda au prélat qui était le plus voisin de lui ce que c'était que nycticorax. Le prélat, qui l'ignorait, ne voulut pas demeurer court : il répondit : « Sire, c'était un des officiers de la cour de David. » Et le roi répéta plus tard cette

Il acquérait des forces en grimpant sur les rochers. (P. 52.)

explication, qui prouvait son ignora   e, et qui
fit beaucoup rire de lui.

Mais la nature avait prodigué à ce prince les
dons les plus précieux. Malgré le vice de son
éducation, il aimait les lettres et récompensait
magnifiquement ceux qui les cultivaient. On
connaît peu d'hommes éminents de son temps
sur qui sa générosité ne se soit répandue.

Dès sa plus tendre jeunesse, Louis XIV fit
voir qu'il se connaissait en hommes. Ceux qui
fixèrent ses premiers regards furent Condé et
Turenne. Il aimait particulièrement ce dernier, auprès duquel il s'informait bien jeune
encore de tous les détails du métier de la
guerre.

Louis XIV avait hérité de la brillante valeur
de son illustre aïeul. Il se signala à la prise de
Stenay, alors qu'il n'avait guère plus de seize
ans. Il aimait à répéter sur ses vieux jours
qu'il avait l'honneur d'être le plus ancien soldat de son royaume.

Le cardinal Mazarin eut toute sa vie l'indigne précaution de maintenir son jeune roi
éloigné de toutes les affaires sérieuses ; aussi
sa jeunesse se passa-t-elle dans les plaisirs que
le ministre adroit suscita autour de lui. Cepen-

dant il y eut plusieurs occasions où ceux qui savent juger de loin prédirent ce que Louis XIV serait un jour.

Tous les historiens ont rapporté qu'en 1655, alors que ce prince n'avait encore que dix-sept ans, les guerres civiles étant éteintes, le Parlement voulut néanmoins s'assembler encore au sujet de quelques édits. Le roi était à Vincennes, où il prenait le plaisir de la chasse. Il part en habit négligé, suivi de toute sa cour, entre au Parlement en grosses bottes, le fouet à la main, et prononce ces propres mots : « On sait les malheurs qu'ont produits vos assemblées ; j'ordonne qu'on cesse celles qui sont commencées sur mes édits. Monsieur le président, je vous défends de souffrir des assemblées, et à pas un de vous de le demander. »

« Sa taille déjà majestueuse, la noblesse de ses traits, et l'air de maître dont il parla, ajoute M. de Voltaire, imposèrent plus que l'autorité de son rang, qu'on avait jusque-là peu respecté. »

Ces paroles altières seraient assurément condamnables au point de vue de nos idées modernes, et dans l'état actuel de la société en

France ; mais on enseignait alors aux rois de France que la France c'était eux.

Cette maxime rappelle un autre trait de la jeunesse de Louis XIV. Les courtisans parlaient devant lui du pouvoir absolu des sultans, et disaient, ce qui n'était malheureusement que trop vrai, que la loi du pays les autorisait à disposer au gré de leurs caprices, du bien et de la vie de leurs sujets. « Voilà, s'écria le jeune roi, ce qui s'appelle régner ! » Le maréchal d'Estrées, qui était un homme de grand sens et de courage, et qui avait été ambassadeur en Turquie, répondit avec un grand calme : « Sire, j'ai connu trois de ces empereurs qui ont été étranglés. »

Louis XIV eut toute sa vie cette noble fierté qui lui fit faire de grandes et belles choses. Il était encore jeune au siége de Condé ; le comte Bussy-Rabutin fut commandé pour aller au fourrage avec huit escadrons. La frayeur s'empare de ses troupes à la vue de vingt-cinq escadrons espagnols qui s'avançaient sur elles ; elles furent poursuivies vigoureusement, et perdirent beaucoup de leurs étendards, dont on fit un grand trophée dans le camp des Espagnols. Le prince de Condé qui commandait les troupes ennemies, se ressouvint, à la vue de ces étendards semés de fleurs de lis, qu'il était prince du sang de France : il se les fit tous apporter et les renvoya à Montpizat, mestre-de-camp du roi, à qui il écrivit de les présenter à Sa Majesté. Le roi ordonna aussitôt de renvoyer les étendards au prince de Condé et de lui mander que c'était une chose si rare de voir les Espagnols battre les Français, qu'il ne fallait pas leur envier le plaisir d'en garder les faibles marques.

En 1658, la France faillit encore perdre une fois son jeune roi ; elle n'aurait pu apprécier toute l'étendue de sa perte. Louis XIV n'avait que vingt ans, et entièrement dominé par le cardinal Mazarin, il n'avait pas encore gouverné.

C'était vers le milieu de l'année 1658 ; la guerre de Flandre continuait toujours. Dunkerque, la plus importante place de la Flandre, était assiégée par terre et par mer. Le grand Condé, qui combattait alors contre sa patrie, et don Juan d'Autriche, avaient rassemblé toutes les forces de l'armée espagnole, et se présentèrent pour secourir cette ville. L'Europe avait les yeux sur cet événement.

Le cardinal Mazarin mène Louis XIV sur le théâtre de la guerre sans lui permettre d'y prendre part. Turenne commandait l'armée française, et Condé n'avait pas le commandement de l'armée espagnole; aussi la victoire fut-elle à Turenne. Au milieu de ce triomphe. le jeune roi tomba malade à Calais, et fut plusieurs jours à la mort. Tous les médecins de la cour avaient jugé sa maladie incurable. Un empirique d'Abbeville se présente et propose de guérir le roi; il montre qu'il va lui donner du vin émétique. Les médecins regardent ce remède comme un poison. L'empirique soutient vigoureusement qu'il est le seul qui puisse sauver le malade. Le jeune roi veut que l'on consulte le cardinal Mazarin. Le cardinal, ne voyant aucune autre chance de salut, adopte celle-là. Aussitôt qu'on eut dit à Louis XIV que son ministre était d'avis qu'on prît ce parti extrême : « Qu'on me le donne aussitôt, » dit-il; et il but l'émétique avec une confiance qui en accéléra l'effet. Il se trouva mieux dès la nuit même. Six jours après, il était guéri. C'en était fait de sa vie, s'il eût tardé vingt-quatre heures.

L'empirique dont il est ici question était un

bonhomme bien singulier. Il s'asseyait sans façon sur le lit du roi et disait : « Voilà un garçon bien malade ; mais si on me laisse faire, il n'en mourra pas. »

Mazarin mourut peu de temps après (9 mars 1661). Il prévoyait déjà la fin prochaine de son pouvoir ; à ceux qui lui promettaient encore une longue autorité en lui faisant sentir l'incapacité du roi, il répondait : « Ah ! vous ne le connaissez pas ! il y a en lui l'étoffe de quatre rois. »

Une autre fois, en sortant d'un conseil, il avait dit au maréchal de Villeroi : « Avez-vous pris garde, Monsieur, comme le roi écoute en maître ? Il se mettra en chemin un peu tard, mais il ira plus loin qu'un autre. » Le lendemain, les ministres vinrent demander au roi à qui ils devaient s'adresser désormais. « A moi, » répondit le jeune monarque.

Ce mot fut une révolution ; dès ce moment, Louis XIV gouverna par lui-même. Il fut aussi grand que son aïeul Henri IV, il fut admiré comme lui ; mais trop occupé de lui-même, il songea peu au bonheur du peuple, il n'en fut ni aimé ni regretté.

# LOUIS XVI

Louis XVI naquit à Versailles, le 23 août 1754 ; il reçut le titre de duc de Berry. Enfant, il ne paraissait pas destiné au malheur de monter un jour sur le trône de la France ; deux autres princes devaient l'occuper avant lui. Il était fils de Louis, surnommé le grand Dauphin, et il avait pour frère aîné Louis-François-Xavier, duc de Bourgogne. Mais la mort frappa à coups redoublés sur sa famille : son père, sa mère, son frère, descendirent au tombeau presque en même temps. A onze ans, le jeune duc de Berry était orphelin et héritier présomptif de la couronne.

Cet infortuné prince semble avoir été marqué du sceau de la plus cruelle fatalité ; on dirait qu'un génie malfaisant a plané sur toute son existence.

Lors de sa naissance, la cour était à Choisy. Le courrier qui fut expédié pour aller annoncer l'heureux accouchement de madame la dauphine tomba de cheval en route, et mourut de sa chute avant d'avoir pu accomplir sa mission. Lors de son mariage avec cette charmante et infortunée Marie-Antoinette d'Autriche, quatre mille personnes, rassemblées pour les réjouissances, périrent dans un affreux tumulte. Mais son plus grand malheur fut de monter sur le trône dans les moments les plus difficiles; de recueillir le funeste héritage de Louis XV, qui voyait bien la tempête dans un sombre lointain, mais qui s'en consolait dans un cruel égoïsme, en disant qu'il mourrait avant l'explosion de l'orage.

Comme Louis XV, son aïeul, comme les jeunes ducs de Maine et de Bourgogne, le dauphin fut auteur quand il était bien jeune encore. Il existe un livre qu'il composa et imprima lui-même à l'âge de douze ans. Ce livre a pour titre : *Maximes et morales politiques tirées de Télémaque.* L'édition fut faite dans son appartement, et il tira lui-même tous les exemplaires.

La vérité oblige à dire qu'il ne faut pas ajouter grande confiance aux talents précoces de ce jeune prince, pas plus qu'à ceux de Louis XV. En réalité, l'éducation de Louis XVI, comme celle de Louis XIII, de Louis XIV et de Louis XV, fut très-négligée. C'est une triste remarque à faire, que tous ces princes devenus rois, dans leur enfance n'eurent ni les uns ni les autres l'instruction forte et l'éducation mâle qui convient à un roi destiné à gouverner une grande nation. Il semble que ceux qui étaient chargés de conserver la monarchie française ne se soient attachés qu'à l'avilir et à la ruiner.

Comme Louis XV, Louis XVI eut aussi un goût singulier pour un monarque : son aïeul se faisait tourneur, lui se fit serrurier. Une des pièces du château de Versailles contenait une forge et tous les outils nécessaires à cette profession, et le roi y passait de longues heures. On prétend qu'il excellait dans cet art.

Louis XVI était incapable de remplir sa haute mission quand il devint roi par la mort de Louis XV. Il avait alors vingt ans ; il ceignit une couronne profanée, il monta sur un trône ébranlé. Les finances étaient en désordre ; tous les corps de l'Etat étaient profondément corrompus. Pour relever cet empire chancelant, il aurait fallu une volonté forte, une main puissante, et Louis XVI était faible et indécis ; il voyait le bien sans oser et sans pouvoir le faire. Si ce prince fût venu dans des temps calmes, il aurait rendu son peuple heureux et en aurait été adoré. Jamais roi n'eut de meilleures intentions. Il avait des mœurs pures, une probité sévère. Une coupable jalousie l'avait tenu éloigné de la cour et des affaires pendant sa jeunesse. Ses manières étaient un peu agrestes ; sa figure, quoique belle, manquait d'expression ; il n'avait rien dans la démarche, dans le port, dans le langage, de la majesté et de l'élégance de ses ancêtres. Mais il avait une qualité plus précieuse : la bonté.

Il en donna mille preuves dans son enfance. Devenu roi, il fit tout ce qu'il put pour le bonheur du peuple ; mais ses efforts furent vains. Victime innocente et pure, il expia les crimes et les fautes de ses prédécesseurs. Son règne fut une longue agonie. La révolution éclata en 1789 ; elle l'abreuva de dégoûts et de tourments ; elle le chassa d'abord de son palais de Versailles, puis des Tuileries, et le jeta dans la prison du Temple.

Louis XVI quitta son palais des Tuileries le 10 août 1792, pour n'y plus revenir. Toujours bon, il avait reculé devant la nécessité de faire massacrer les insurgés qui venaient l'assiéger. Il se rendit au sein de la Convention nationale ; déjà les feuilles des arbres jonchaient la terre et retardaient sa marche : *Les feuilles tombent bien tôt cette année,* dit-il avec tristesse. Il était accoutumé aux funestes présages.

Accusé, condamné par la Convention, il mourut sur l'échafaud, le 21 janvier 1793. Ce prince ne fut véritablement grand que dans les fers ; sa mort fut celle d'un héros et d'un martyr.

———

# HENRI DE NEMOURS

Lorsqu'en 1789 le peuple, vainqueur de la Bastille, s'élança pour tout détruire dans cette vieille prison d'Etat où tant de crimes politiques furent commis, où tant de vengeances étaient mystérieusement consommées, on trouva une grande cage de fer que l'on reconnut pour être celle où le cardinal de la Balue, ministre du roi Louis XI, expia pendant onze années le malheureux honneur d'avoir inventé lui-même, mais pour d'autres victimes, l'instrument qui devait servir un jour à son propre supplice. Dans un autre cachot, on découvrit une cage de fer plus petite, évasée, large en haut, se terminant en pointe par le bas, si bien que celui qui y avait été renfermé n'avait dû pouvoir se tenir ni debout, ni assis, ni couché. Cette dernière cage était la seule qui restât de deux cages semblables; elles avaient servi, trois siècles auparavant, de prison à deux pauvres jeunes princes, Henri et François de Nemours, fils de Jacques d'Armagnac, connétable de France, sous le règne de Louis XI. On sait que d'Armagnac, ligué avec les ducs de Bretagne et de Bourgogne, avait résolu de livrer la France aux Anglais. Le complot allait éclater, réussir peut-être, et le sceptre devait être arraché des mains du monarque français, quand Louis XI, instruit par ses espions du danger de la patrie et de celui qui menaçait sa couronne, fit arrêter Jacques d'Armagnac, et le condamna à avoir la tête tranchée.

Jusque-là c'était justice : dans ce temps de rébellion, les crimes contre les rois étaient aussi des crimes contre les peuples, car on ne pouvait toucher à une couronne sans que la nation tout entière ne fût mise en péril. Mais Jacques d'Armagnac avait deux fils si jeunes, à l'époque de sa trahison et de son supplice, que lorsqu'on demanda à ces pauvres enfants s'ils n'étaient pas complices de leur père, ils répondirent que c'était impossible vu leur jeune âge.

Cependant, par un raffinement de cruauté que la barbarie de ce temps-là ne justifie même pas, Louis XI fit revêtir d'une robe blanche les deux fils de Jacques d'Armagnac. Ainsi vêtus, on les plaça sous l'échafaud où le connétable était monté ; et quand il reçut le coup mortel, le bourreau arrosa leurs têtes innocentes, et leurs robes blanches du sang de ce grand coupable. Quand le crime du connétable fut puni, comme la vengeance de Louis XI n'était pas encore assouvie, on prit les deux orphelins teints du sang paternel, et on les conduisit à la Bastille. Ils furent descendus dans les cachots souterrains ; arrivés là, on les plaça dans ces deux cages de fer où l'on ne pouvait ni se coucher ni s'asseoir. Henri de Nemours avait alors huit ans, et son frère François allait bientôt atteindre à sa septième année.

Les malheureux enfants, condamnés à une torture perpétuelle, n'avaient d'autres consolations que de passer leurs bras à travers les barreaux des cages pour se tenir tout le jour et toute la nuit par la main. François, le plus jeune des deux, était aussi découragé. « Je suis bien mal ici, disait-il, on ne doit pas y vivre longtemps. Et il pleurait. — Allons donc, lui répondait Henri, c'est beau de pleurer à ton âge ! tu sais bien d'ailleurs que papa n'aimait pas cela. Tu vois bien qu'on nous traite comme des hommes dont on a peur ; ainsi, nous ne devons pas agir comme des enfants, et au lieu de pleurer, parlons plutôt de notre mère.

Alors les victimes de la plus cruelle politique de Louis XI revenaient, dans leurs entretiens, à ce beau château de Lectoure où leur première enfance s'était écoulée. Ils se voyaient encore gravissant leurs coteaux de l'Armagnac ; ils s'égaraient de nouveau dans leurs bois touffus, ils suivaient en courant les grandes allées du parc seigneurial. Mais ce n'était, hélas ! qu'en imagination. Ainsi, par cette heureuse féerie de la mémoire qui fait que le présent n'est plus, parce que le souvenir nous ramène dans le passé, les jeunes prisonniers oubliaient pour un moment leurs souffrances.

Quelque chose vint encore adoucir la situation douloureuse de ces enfants martyrs. Une toute petite souris, qui s'était fourvoyée hors de son trou, mais à qui les ducs de Nemours firent d'abord grand'peur, se hâta de rentrer dans sa cachette jusqu'au lendemain. Les enfants avaient beau l'appeler et faire la petite voix pour l'attirer, la souris ne se montrait plus ; ils eurent alors l'idée de semer à travers leurs cages quelques miettes du pain de la prison. La souris, pressée par la faim, se décida à se remontrer. Peu à peu même, elle s'accoutuma à la voix des deux frères ; elle vint enfin manger auprès d'eux, et quelques jours après sa première apparition, elle s'était si bien familiarisée avec ses protecteurs qu'elle grimpait jusque dans leurs cages. Alors elle allait de l'un à l'autre, et elle mangeait indifféremment dans la main de celui-ci ou de celui-là.

Mais c'était peu pour le vindicatif Louis XI que le sang de d'Armagnac eût souillé les blonds cheveux et la robe blanche des enfants du connétable ; il savait que les deux petits prisonniers de la Bastille, prenant leur torture en patience, avaient fini par s'accoutumer à veiller et à dormir dans leur cage de fer, il imagina pour eux un horrible supplice. Le bourreau fut chargé de venir une fois tous les huit jours arracher une dent à chacun des deux frères. Quand l'exécuteur des cruelles volontés du roi, quand cet homme, qui était cependant accoutumé à voir souffrir, car il ne reculait devant aucune exécution, fut introduit dans le cachot, il ne put réprimer un mouvement d'humanité à la vue de ces deux patientes et malheureuses créatures. Il fallut bien pourtant leur annoncer le motif de sa visite. Lorsqu'on leur eut fait connaître l'arrêt que le roi avait porté contre eux, le petit François poussa d'horribles cris ; Henri essaya de fléchir le bourreau : « Maman, lui dit-il mourra de chagrin quand elle saura qu'on a fait tant de mal à mon petit frère ; je vous en prie, épargnez-le ; vous voyez comme il est déjà faible et malade. » Le bourreau ne retenait plus ses larmes, il semblait souffrir plus que les enfants eux-mêmes du mal qu'il allait leur faire ; mais il fallait obéir ; il y allait pour lui de la vie!

— Il faut absolument, disait-il avec des sanglots, que j'aille montrer les deux dents au gouverneur de la Bastille, pour qu'il les mette ensuite sous les yeux du roi.

—En ce cas, dit vivement Henri de Nemours, ôtez-m'en deux à moi ; car je suis fort, car jo puis supporter le mal, tandis que la moindre souffrance pourrait tuer mon frère. » Il y eut entre ces deux enfants une longue et sublime lutte, c'était à qui souffrirait pour l'autre. Le bourreau, attendri et étonné, ne savait plus s'il devait accomplir l'acte révoltant de son fatal ministère, peut-être même allait-il finir par céder à la pitié, quand on vint lui demander, au nom du gouverneur, pour quelle raison il différait tant l'exécution des volontés du roi. Un nouveau retard eût été considéré comme un crime : le bourreau eut peur ; il s'approcha de Henri de Nemours et lui arracha une dent ; l'enfant retint son cri de douleur, et comme il voyait l'homme se diriger vers la cage de son frère, il lui dit : « Et l'autre, vous savez bien que je paie pour deux. » Ce trait de fermeté ramena le bourreau vers Henri ; celui-ci s'arma d'un nouveau courage, et le gouverneur de la Bastille put montrer au roi les deux dents des enfants de Jacques d'Armagnac.

Louis XI fit exécuter rigoureusement sa cruelle sentence ; tous les huit jours, le bourreau descendait dans le cachot des jeunes ducs de Nemours, et tous les huit jours Henri payait son tribut et celui de son frère. Mais tant de courage et de dévouement finit par épuiser les forces de cet enfant sublime ; une fièvre violente dessécha son sang, il s'affaiblit peu à peu : comme ses jambes ne pouvaient plus le porter, il se tenait presque à genoux dans sa cage de fer ; voyant un jour qu'il n'avait plus que quelques instants à vivre, Henri de Nemours essaya encore une fois de tendre une main à son frère : « C'est fini, lui dit-il, je ne reverrai plus maman ; mais toi, tu sortiras peut-être d'ici. Dis-lui bien à cette tendre mère que j'ai souvent parlé d'elle et que je ne l'ai jamais tant aimée que dans ce moment où je vais mourir. Adieu, François, ajouta-t-il, mais d'une voix plus faible, donne tous les jours du pain à notre petite souris blanche ; je compte sur toi, tu en auras bien soin, n'est-ce pas ? »

Le martyr n'attendit pas la réponse de son frère, la mort saisit sa proie, le pauvre enfant avait fini de souffrir pour passer à une vie meilleure. Il faut croire que Louis XI s'humanisa en faveur du dernier des Nemours ; car, après la mort de Henri, François fut retiré de sa cage de fer, et il n'eut pour demeure qu'un cachot ordinaire, ainsi que tous les autres prisonniers de la Bastille.

Enfin le roi cruel rendit l'âme à son tour, enfin le règne de Charles VIII commença ; les rigueurs cessèrent, on pensa à rendre à la liberté ceux qui avaient été victimes de la politique soupçonneuse de Louis XI. François de Nemours sortit de la Bastille ; il revit le ciel, il put embrasser sa mère ; mais la torture qu'on lui avait fait subir dans cette horrible cage le laissa toute sa vie boîteux et contrefait.

---

# LOUIS, DUC DE BOURGOGNE

## PETIT-FILS DE LOUIS XV.

Excellent naturel, docilité, amour de l'étude, générosité, discrétion, piété filiale, patience héroïque dans la douleur, sens exquis, élévation d'âme, telles furent les belles qualités de l'enfant dont nous allons essayer de tracer l'histoire.

Le duc de Bourgogne, dit Villemet, était heureusement né ; la nature l'avait richement favorisé ; mais les soins qu'il apporta à l'étude des sciences firent plus encore pour ce jeune prince que tous ses dons naturels. Apercevait-il un objet, son premier mouvement était d'y porter la main pour le palper ; son premier mot était : « Qu'est-ce que cela? Pourquoi? Comment? »

Le duc de Bourgogne était bien jeune encore pour se livrer à des études sérieuses. Cependant, comme le jeu finissait quelquefois par lui causer de l'ennui, il prêtait une oreille attentive aux belles lectures qu'on avait soin de lui faire pour orner son esprit, et on mettait de temps à autre sous ses yeux des gravures choisies et des images dont on lui expliquait avec clarté jusqu'aux moindres détails. Par ce moyen aussi simple qu'ingénieux, il acquit une foule d'idées et de notions sur mille objets aussi utiles qu'intéressants.

Après deux ou trois mois de pareilles conférences, on essaya de montrer au duc de Bourgogne des figures de géométrie. Ce fut en cette occasion que l'on connut plus particulièrement son étonnante aptitude. Les principaux termes de cette science lui devinrent en peu de temps familiers ; il les employait de lui-même fort à propos, et sans jamais les confondre l'un avec l'autre.

Impatient d'exécuter ce que ses maîtres lui démontraient, le jeune élève demanda avec instance qu'on lui permît de tracer des cercles et des lignes à son tour. Il commença donc à se servir du compas, mais avec une dextérité, une aisance et une précision qui surprirent son professeur de géométrie.

Ayant un jour décrit un cercle, il voulut en tirer le diamètre ; mais comme la ligne qu'il avait décrite ne passait pas par le centre, il dit aussitôt : « Ah ! je voulais tirer un diamètre et j'ai tiré une corde ; car ma ligne ne passe point par le centre. »

Les progrès de cet aimable enfant égalaient le goût décidé qu'il manifestait pour les sciences. Cependant la géométrie n'a rien de bien récréatif en elle-même ; mais il y apporta tant de zèle, tant d'application, que, quoique d'un âge fort tendre, il devint bientôt un savant géomètre, et il possédait tellement bien tous les problèmes de la géométrie pratique, qu'il les exécuta presque tous à Meudon, sur le terrain, dans le printemps de 1759. Ce fut alors, dit son maître de mathématiques, qu'on le vit manier le cordeau, la règle et le compas. avec non moins de dextérité qu'un arpenteur consommé: il avait à peine cinq ans.

Les amusements géométriques du duc de Bourgogne continuèret ainsi jusqu'en 1758; mais son esprit, avide de connaissances, voulut embrasser toutes les autres sciences. La sphère, la géographie et l'histoire, furent bientôt mises en usage pour alimenter sa curiosité naturelle. Il apprit d'abord à connaître les différents cercles de la sphère armiliaire et du globe terrestre. Pour procéder à la géographie, on démontait la sphère, puis on la remontait devant lui, en ayant soin de remettre chaque cercle à sa place convenable : c'est ce qu'il ne manquait pas d'imiter et de faire à son tour. Il retint ainsi leur nom et leur position presque sans y penser.

Le petit géographe comprit de cette manière en fort peu de temps les trois positions et les propriétés de la sphère. La sphère droite servait à lui démontrer l'égalité des jours et des nuits ; la sphère oblique lui en démontra l'inégalité progressive, et la parallèle lui rendit également sensible, par la seule insepction, les jours et les nuits de six mois.

On suivait le système de Ptolémée dans l'explication de la sphère ; mais ayant entendu dire qu'il en existait un autre, il fit tout ce qu'il put pour le connaître, et décida enfin ses maîtres à lui donner une idée de ce nouveau système, qu'ils n'avaient pas voulu lui démontrer, comme étant trop compliqué pour entrer dans son intelligence si jeune encore. Dès que ce système lui eut été expliqué, il voulut lui-même en faire l'expérience ; il se fit apporter sa sphère dans son cabinet d'études et l'exposa au soleil. Alors, la faisant tourner sur son axe, il fit observer la manière dont les différentes parties de la terre en étaient successivement éclairées, et celles pour lesquelles le soleil se levait, et celles pour lesquelles cet astre se couchait. Il fut par là convaincu que c'est la terre qui tourne autour du soleil.

Quant à la géographie, le duc de Bourgogne, après avoir conçu ce qu'on entend par degrés de longitude et de latitude, en fit immédiatement l'application ; il désignait la position respective des royaumes, des empires, des républiques, selon les quatre points cardinaux, et il expliquait de même les continents, les îles, les presqu'îles, les côtes, les dunes, les isthmes et les promontoires.

En aeux ou trois mois de leçons, ce jeune prince connut nón-seulement les quatre grandes divisions et les subdivisions du globe, mais il y trouvait aisément les capitales, les fleuves, et jusqu'aux moindres villes.

Pour lui faciliter l'étude de la géographie, on avait soin de la mêler à l'histoire, On lui faisait aussi connaître les grands hommes qui avaient illustré tel ou tel pays, le costume, les mœurs, les usages de telle ou telle nation ; on lui faisait un précis des révolutions arrivées dans les empires ; on lui expliquait les causes de leur naissance, celles de leur grandeur et de leur décadence. Ces grandes instructions donnaient une telle force à son jugement, qu'il ressemblait déjà à celui d'un homme fait.

Il désira ardemment connaître l'art militaire, les notions générales sur les évolutions de ligne, sur la formation des corps de bataille et sur l'arrangement des armées, et les ouvrages qui en faisaient mention ; la milice française, l'art de la guerre, du maréchal de Puységur, les travaux de Mars, les mémoires militaires de Saint-Remy, l'attaque des places, par le maréchal de Vauban. lui devinrent bientôt très-familiers, et il frappa bien souvent d'admiration des officiers distingués, par la justesse de ses citations et de ses remarques sur l'art de la guerre.

Il éprouvait un naïf étonnement en présence de ces grands édifices anciens et modernes ; mais ce qui surtout excitait son admiration, c'était la construction hardie des ponts et les difficultés vaincues à ce sujet ; aussi voulut-il avoir quelques notions d'architecture.

Comme ce jeune prince était appelé un jour à gouverner un royaume, son père voulut non-seulement lui donner une instruction distinguée, mais il s'attacha à développer en lui toutes les qualités du cœur, qui sont les plus beaux titres d'un roi à l'amour de son peuple. Du reste, l'homme qu'il avait chargé de l'éducation de son fils était lui-même éminemment vertueux et secondait admirablement le père dans ses vues. Il avait accoutumé son jeune élève à tracer un petit journal de ses études, de ses devoirs et de ses actions. Tous les mois on lisait en sa présence ce qu'il avait fait de bien et de mal ; c'est par ce moyen ingénieux qu'il parvint à se corriger de tous les défauts qui dégénèrent plus tard en vices, dans la crainte qu'ils ne fussent connus et publiés.

On lisait un jour en sa présence la vie des hommes illustres de France ; on lui faisait remarquer que la renommée avait soin de publier les belles actions et les mauvaises œuvres d'un prince, de sorte que l'on pût connaître ce qu'il avait fait de bien et de mal en sa vie.

— Qu'est-ce donc que la renommée, demanda-t-il à son précepteur ? Oubliant cette fois qu'il parlait à un enfant, le précepteur lui fit une description poétique de cette déesse ; mais voulant en même temps prémunir son esprit contre les fictions et les idées fabuleuses, il lui fit remarquer que la plupart des histoires de la mythologie étaient imaginaires et fortement déguisées : « Oh ! bien, répliqua le prince, laissez-là les poètes avec la fable, et dites-moi la vérité. »

Ce sage enfant ne mentait jamais, pas même pour badiner ; il évitait les adulations des courtisans, et feignait quelquefois le sommeil pour qu'on pût parler plus librement sur son compte et qu'il pût par là connaître ses défauts et se corriger. Il affectionnait surtout un de ses valets de chambre, nommé Tourol. « Il est bien heureux, Tourol, lui dit-on un jour : vous êtes toujours avec lui et vous lui souriez particulièrement. — C'est vrai, répondit-il, je l'aime parce qu'il ne m'épargne point et qu'il m'avertit franchement quand je fais quelque chose de mal. »

Non moins ennemi du mensonge que de la flatterie, il ne voulait pas qu'on excusât ses fautes par une lâche complaisance. Une fois, qu'il avait mal rempli sa tâche, une dame de la reine vint demander à son maître s'il était content de son disciple : « Toujours, » répondit le mentor complaisant. La dame étant sortie peu d'instants après, l'enfant dit à son précepteur : « Quoi ! Monsieur, vous m'exhortez à ne point mentir, et vous mentez pour moi, et devant moi ! »

Si grande était la docilité de cet enfant, que jamais on n'eut besoin d'employer la moindre menace ; un coup d'œil suffisait pour le ramener à son devoir. Tel était surtout le respect et l'amour qu'il portait à la dauphine, qu'un ton réservé, des paroles moins affectueuses que de coutume, touchaient ce fils sensible jusqu'aux larmes. « Chère maman, s'écriait-il en joignant ses petites mains, de grâce ne vous fâchez point ! je ferai tout ce qu'il vous plaira. »

Quoique dans un âge fort tendre, le duc de Bourgogne était déjà sensible à l'estime publique. Un jour il trouva dans ses tablettes un billet contenant le juste éloge de ce qu'il avait fait de bien dans la semaine. Après avoir lu le papier, il le jeta à terre dans une galerie très passante. Son gouverneur lui en demanda raison : « C'est que, dit-il, on saura que je suis sage, et les Français m'aimeront bien. » Il lui arriva, pendant une leçon, de mériter des réprimandes. « La renommée, lui représenta-t-on, va publier ce que vous venez de faire, et vous passerez pour un méchant.

— Ah ! répliqua-t-il tout ému et avec ingénuité, que ma gouvernante Nini et que Boibois n'en disent rien à personne, et la renommée n'en saura rien. »

Voici un trait de bienfaisance qui mérite d'être cité :

Un honnête fermier venait d'être ruiné par un incendie; cet homme était chargé d'enfants en bas âge et allait être réduit à la plus affreuse misère. Dès que le jeune prince eut appris ce désastre, il se hâta, sans en rien communiquer

Louis XIV et sa mère, Anne d'Autriche, pendant la Fronde.

à personne, de faire une quête dans le palais ; chacun se fit un plaisir, pour flatter le prince, de donner une somme assez considérable. Le duc de Bourgogne, lorsqu'il se vit en possession, de cette petite fortune, demanda et obtint la permission d'aller à Rambouillet ; là, il alla trouver le pauvre fermier, qui reçut son offrande en embrassant ses genoux et en versant des larmes de reconnaissance. Le jeune homme mêla ses pleurs à ceux de cette intéressante famille, et dit au fermier : « Ah ! je suis bien heureux de pouvoir vous secourir dans votre détresse ; je sais que vous êtes les hommes les plus utiles et en même temps les plus malheureux de l'Etat. »

Pour que l'aumône fût plutôt le fruit de quelque sacrifice qu'un simple mouvement d'amour-propre et même de vanité, on avait habitué le prince à ne la faire qu'à ses dépens.

Depuis longtemps, il désirait beaucoup une petite artillerie du prix de cent louis. Il avait enfin perçu cet argent sur ses économies et allait faire son emplette, lorsqu'on vint à parler d'un vieil officier qui venait d'être ruiné par une réforme subite. Ayant su que cet homme, plein de probité, était réduit à coucher dans un grenier sur une mauvaise paillasse, et qu'il n'avait d'autre vêtement que l'habit qu'il portait, il s'écria : « Allons ! plus d'artillerie ! » et il fit porter sur-le-champ deux mille quatre cents livres, avec deux malles remplies de linge, au pauvre et vertueux capitaine.

Savoir se taire, c'est un mérite chez un homme ; chez un enfant c'est un prodige. En public comme en particulier, il ne proférait pas un mot de ce qu'il devait taire, et il n'affectait point cette taciturnité ni cet embarras qui décèlent les personnes faibles, et qui annoncent toujours du mystère.

Déjà il avait pour maxime qu'il est dangereux de se fier à quiconque porte un secret avec une attention timide et fatigante, et qu'il n'y a d'hommes propres aux grandes affaires que ceux qui parlent avec tant de candeur, qu'on ne se doute pas même qu'ils aient rien de caché.

Le petit duc de Bourgogne avait appris secrètement la langue anglaise : lorsque son père s'entretenait dans cette langue avec différentes personnes, jamais, dis-je, le discret enfant ne fit aucun signe capable d'indiquer qu'il comprenait le sujet de la conversation.

On faisait à ce jeune prince un cours d'histoire de France; il n'avait guère que cinq ans alors. Comme on lui disait qu'il y avait une longue suite de 66 rois depuis Pharamond jusqu'à Louis XV, son aïeul, il en parut tout glorieux; il s'imaginait que toutes ces têtes couronnées n'étaient qu'une seule et même filiation; on le tira d'erreur. Le duc de La Vauguyon, son gouverneur, lui observa qu'il n'y avait aucune preuve que la troisième race descendît de la première, ni même de la seconde. Piqué de l'observation, l'élève répondit vivement : « Au moins, Monsieur, je descends de saint Louis et de Henri IV. »

On parlait un jour devant lui des stratagèmes et des victoires d'Annibal, général carthaginois. Quelqu'un dit que ce grand capitaine joignait souvent la peau du renard à celle du lion.

Ne comprenant rien d'abord à ce langage figuré, l'enfant demanda ce que cette expression signifiait. Faites attention, lui répondit son précepteur, au caractère de ces deux animaux, et vous comprendrez la chose. « Ah!

c'est vrai, répliqua-t-il sur-le-champ, j'entends : c'est qu'Annibal joignait la ruse au courage et à la force. »

Rien n'échappait à cet ingénieux enfant, et tout ce qui frappait ses yeux ou son esprit, il le soumettait au raisonnement. Dans une de ses promenades de l'après-midi, il avait observé que son ombre était plus prolongée à la fin qu'au commencement. Revenu le soir au château, il en demanda la raison ; pour toute réponse, on alluma une bougie et l'on posa une règle verticalement sur le bureau ; on prit ensuite la lumière qui, étant alternativement haussée et baissée, accourcissait ou allongeait l'ombre de la règle. « Jugez à présent, lui dit-on ; voilà la réponse à votre question. — Fort bien, repondit-il, c'est que, quand une ombre est plus courte, le soleil est plus élevé ; et, quand elle est plus longue, c'est que le soleil est plus bas. »

Le duc de Bourgogne était d'une promptitude extrême ; il courait et il jouait d'aussi bon cœur qu'il étudiait. En descendant un jour avec trop d'impétuosité le long d'un escalier, il fit une chute très grave sur le genou droit, et il éprouva des douleurs aiguës ; mais dans la crainte d'alarmer ses chers parents, il eut le tort de ne pas parler de cette aventure.

Le mal fit bientôt de rapides progrès et dégénéra en abcès. Les médecins mandés décrétèrent qu'il fallait opérer, mais qu'on devait auparavant attendre que l'abcès eût atteint sa maturité. On avait fait retirer le jeune prince pour apprendre cette décision à sa mère, mais le jeune duc avait tout entendu de la pièce voisine. Le jour et l'heure ayant été fixés, le gouverneur se tint auprès de son élève pour le préparer à subir l'opération. « Je sais tout depuis deux mois, dit l'enfant, j'ai entendu l'avis des médecins, mais je n'ai point parlé, de peur qu'on crût que je serais inquiet. » Comme on procédait à l'appareil, il pria qu'on lui laissât voir auparavant les instruments. On les lui remit entre les mains, et il les examina d'un œil curieux. « Allons, dit-il d'un ton ferme, allons, il n'y a rien que je ne sois disposé à souffrir, afin de guérir et de consoler maman. »

L'opération fut cruelle ; il fallut ouvrir la cuisse de ce cher enfant à la profondeur de trois doigts, et elle eût fait pâlir un homme même : il ne jeta que deux cris. Quand tout fut achevé, il se mit sur son séant, se jeta en

5

pleurant dans les bras de son père, et, le serrant dans ses petits bras, il dit au dauphin :
« C'est de joie, au moins, que je pleure, cher
papa ! »

A peine la plaie fut-elle fermée, qu'il voulut
reprendre ses études, et comme on ne laissait
auprès de lui ni encre ni plume, il écrivit au
crayon le billet suivant, pour qu'il fût remis à
son père :

« Cher papa,

» Je commence à mieux me porter ; je vous
demande une grâce, vous m'aimez trop pour
me la refuser : permettez-moi de continuer
mes études. J'ai grand'peur d'oublier le peu
que je sais, et il y a beaucoup de choses que je
désire apprendre. »

Son père refusa, parce que les médecins
avaient supprimé dans leurs ordonnances les
études classiques. Voici comment ce studieux
enfant s'y prit pour contenter ses désirs sans
manquer à l'obéissance : « Je demande, dit-il,
qu'on fasse venir mes maîtres ; ce n'est point
pour prendre leçon, c'est pour les entendre
parler des différentes choses qu'ils m'ont en-
seignées, et pour causer seulement avec eux. »

Le jeune duc ne put jamais se relever des suites de sa chute. Après avoir passé plusieurs mois dans une triste langueur, il fut repris par la fièvre avec plus d'opiniâtreté qu'auparavant.

Les derniers instants de cet enfant furent ceux d'un héros; il supporta avec une patience angélique les plus affreuses souffrances sans se plaindre, sans oser murmurer, de peur d'attrister ses parents qui étaient inconsolables, et pour ne pas troubler le repos des personnes qui se relayaient à la garde de son lit.

Le coup funeste était porté, il n'y avait plus d'espoir de sauver une tête si précieuse à la France. Selon l'usage ordinaire, un évêque fut chargé d'annoncer au jeune duc sa fin prochaine. Depuis longtemps il l'attendait bien lui-même, et il y était tout préparé; mais il n'en parlait point, dans la crainte d'attrister sa mère, la dauphine, qui ne pouvait se consoler.

Lorsque le prélat eut rempli sa mission, le sage élève appela son gouverneur, à qui il serra affectueusement la main. Après lui avoir fait diverses questions qui paraissaient devoir l'intéresser, il lui dit d'un air calme et résigné :

« Adieu pour toujours, adieu, mon bon ami !..
Embrassons-nous ! Je vous remercie bien tendrement de tous vos soins... Pour grâce dernière, consolez mon papa et ma chère maman... »

Vers les derniers instants, sa voix, qui était
extrêmement affaiblie et presque éteinte, se
ranima tout à coup ; il chercha des yeux la
dauphine, qu'on avait arrachée à un spectacle
si douloureux pour une mère. Il répéta à diverses reprises ce nom si doux pour un fils :
« Maman ! ma chère maman ! » Et cet auguste
rejeton, ce prince de si grande espérance, ex-
pira dans sa neuvième année.

---

# FRANÇOIS DE BEAUCHATEAU

Le jeune François de Beauchâteau était fils
unique d'un comédien. Son père eut tellement
à cœur d'en faire un sujet distingué, qu'il employa la meilleure partie de ses appointements
à lui procurer les plus excellents maîtres en
tous genres. Sa mère, qui jouait aussi la

comédie, ne balança pas non plus à faire de son côté les mêmes sacrifices ; elle vendit plus d'une fois ses diamants, ses bijoux, et se restreignit aux vêtements les plus simples, afin de concourir aux vues de son mari, qu'elle aimait sincèrement.

Le jeune Beauchâteau répondit parfaitement à tant de soins et de sollicitudes. Mais ce qu'il y a surtout de remarquable en lui, c'est qu'il n'apprenait qu'avec beaucoup de lenteur et que ce ne fut qu'à force de travail, qu'à force de constance qu'il pût suppléer à ce don de facilité que la nature lui avait refusé. Ce fut donc par une application opiniâtre qu'il devint un savant, presque au sortir du berceau.

Sachant passablement lire et écrire dès l'âge de cinq ans, il récitait et déclamait avec justesse les plus belles fables de La Fontaine ; à huit ans, il entendait déjà à livre ouvert les premiers auteurs grecs et latins et les traduisait fort bien de vive voix.

Les langues sont la clef des connaissances humaines ; celui qui en possède plusieurs a aussi plusieurs moyens de s'instruire. Outre le grec et le latin, ces deux bases des bonnes études, le jeune Beauchâteau s'appliqua encore à l'espagnol et à l'italien, que les personnes bien élevées parlaient alors dans le monde, et dans sa onzième année il était si bien versé dans ces deux belles langues du midi, qu'il n'eût certainement pas eu besoin d'interprète pour aller à Florence ou à Madrid.

Une chose entièrement négligée, je ne sais pourquoi, dans l'éducation publique et particulière, c'est l'art de la versification. Cet art est cependant le plus propre à former le style, à aiguiser l'esprit, à donner de la grâce, de l'énergie ou de la finesse aux pensées. Beauchâteau le savait ; aussi à force de retourner des vers apprit-il lui-même à en faire de fort jolis, et il s'acquit bientôt une certaine réputation dans ce bel art.

Les productions du poète naissant ne se sentirent pas de la faiblesse de son âge. Egalement pleins de sens, de verve et d'imagination, elles passèrent de la capitale dans nos provinces.

Le premier essai que fit de ses talents poétiques ce jeune élève des muses, fut consacré à remercier la duchesse de Montmorency de quelques bienfaits dont elle avait honoré son père, qui jouait à son gré les comédies de

Molière. Il lui adressa plusieurs madrigaux, qui furent insérés dans le *Mercure galant*.

Anne d'Autriche, mère de Louis XIV, fut aussi très curieuse de voir l'enfant célèbre. L'ayant fait venir au Louvre, elle le questionna sur différents objets, et il lui répondit avec autant de précision que d'aisance. « Mais, lui demanda la princesse, comment se peut-il que vous ayez tant d'esprit et de savoir à votre âge ?

— Oh ! reprit le jeune poète, quand on approche des dieux de la terre, et surtout de la beauté, il serait difficile de n'en point avoir. » Enchantée de l'aimable impromptu, Anne d'Autriche embrassa l'enfant à diverses reprises, il mangea à sa table, et elle le renvoya comblé de riches présents, parmi lesquels était une bonbonnière ornée de pierres précieuses et du portrait de la princesse.

Les premières personnes de la cour, dit Sabattier, et le chancelier Séguier lui-même se faisaient un plaisir de converser avec le petit Beauchâteau, et ils mettaient à l'envi son esprit naissant en exercice.

Mazarin, à son tour, voulut voir et questionner cet ingénieux enfant. Ce fameux ministre, bien qu'absorbé par les affaires politiques, se livrait néanmoins à la littérature. Frappé de l'accueil que la reine de France avait fait au jeune poète, il envoya chercher Beauchâteau dans sa voiture. La haute taille du ministre, sa longue robe de pourpre, la gravité de son intérieur intimidèrent tellement notre petit poète, qu'il ne put que balbutier quelques réponses insignifiantes aux questions que lui adressait le ministre. Mazarin cherchant alors à rassurer l'enfant, l'invita familièrement à se mettre à table, le fit asseoir entre lui et une de ses nièces, la belle Hortense de Mancini. Il lui parla tour à tour latin, italien, espagnol ; mais le petit François ne répondit que par monosyllabes, tant il craignait de commettre une faute devant un si grand personnage. Le cardinal devina aisément le trouble de l'enfant, et admira tant de modestie unie à tant de talents : voyant que notre poète ne pouvait surmonter notre émotion, il le fit passer, après le dîner, dans son cabinet, et l'y laissa seul après lui avoir donné un sujet à traiter en vers. Alors le poète naissant retrouva toute sa gaîté, toute sa verve, tout son génie ; non-seulement il traita dans des vers admirables le sujet qui lui avait été proposé, mais encore il composa sur-le-champ de ravissants quatrains à la louange du cardinal-ministre, qui eut dès-lors la plus haute idée des talents du jeune auteur, et qui, pour récompenser son mérite, lui alloua une pension de cinq cents francs. Il lui donna peu après une montre d'or derrière laquelle on voyait les muses et Apollon couronnant son buste. Il ajouta à ce présent une magnifique collection de poètes nationaux et étrangers, reliée en maroquin vert et décorée de ses armes.

Ce jour-là fut vraiment un jour de triomphe pour l'illustre enfant; Mazarin le reconduisit lui-même chez son père, qui versa des larmes de joie en voyant les honneurs dont son fils, si jeune encore, était si glorieusement comblé par les grands de la terre.

Comme François de Beauchâteau commença ses humanités de très-bonne heure, et qu'il employa avec beaucoup d'exactitude les moments précieux de son adolescence, il n'eut aussi presque plus rien à apprendre à douze ou treize ans. Ce fut vers cet âge qu'il fit la révision de ses poésies, et qu'il les fit imprimer sous le titre de : *Muse du petit Beauchâteau.* Il les orna des portraits des seigneurs et des dames distinguées dont il avait fait l'éloge. Cette première édition eut un cours très-rapide ; il n'y eut guère de père ou de mère qui ne se fît un plaisir d'acheter le livre du poète naissant et de le donner à ses enfants, afin de les exciter à l'amour des arts et de la gloire. Les sciences et l'instruction étaient devenues un besoin pour notre jeune savant ; aussi, quoique la langue anglaise ne fût nullement en vogue à cette époque, il s'y appliqua tellement, qu'il parvint en peu de temps à entendre et parler cette langue. Afin de s'y perfectionner, il demanda en grâce à son père la permission d'aller passer quelque mois en Angleterre, et il partit avec l'ambassadeur de France, auquel il avait été recommandé.

Arrivé à Londres, Beauchâteau fut reçu avec distinction par tous les lords et les grands du royaume, et les dames les plus distinguées se disputèrent à l'envi le plaisir de fêter cet aimable et précieux enfant ; elles le placèrent plus d'une fois sur leurs genoux, et plus d'une fois il y fit des vers pleins de gaieté, de sel et d'enjouement.

Le petit Beauchâteau n'avait pas encore

quatorze ans accomplis, lors de son voyage en
Angleterre, et il était au comble de sa gloire.
Ce fut alors que, toujours dévoré de la soif
d'apprendre, il s'embarqua au port de Plymouth
pour aller en Perse avec deux savants géomè-
tres d'Oxford, dans le dessein d'étudier les langues orientales. Le vaisseau qui le portait fut
assailli par une horrible tempête, le deuxième
jour du départ; l'équipage, très-maltraité, eut
de la peine à se sauver. Quantité de personnes
furent noyées en se précipitant dans une barque qui coula à fond, et il est à présumer que
ce malheureux enfant fut du nombre des sub-
mergés ; car depuis cette époque on n'en eut
plus de nouvelles.

Avant de terminer la biographie de cet illustre et malheureux adolescent, je me permet-
trai de citer une anecdote qui prouvera combien ce jeune homme savait être modeste et
discret au milieu de ses triomphes et de sa
gloire.

Un jour, son père l'emmena dîner chez un
riche particulier où se trouvaient plusieurs enfants de son âge. Pendant une grande partie
du repas, la conversation roula tour à tour sur
la poésie, sur la musique et sur la langue

espagnole, qui était alors la langue à la mode.
Des dames très-instruites citèrent même différents passages qui firent naître des contesta
tions sur la source d'où ils étaient tirés. Quoi
que le petit Beauchâteau les connût parfaite
ment, il ne fit semblant de rien, et causa paisiblement avec les autres convives de son
âge.

Le dîner achevé, on parla de musique, et l'on
invita de jeunes demoiselles à jouer du clavecin ; elles se placèrent à l'instrument, non
sans s'être longtemps fait prier. Après avoir
joué médiocrement des pièces d'une exécution
facile, elles furent vivement applaudies et
parurent très-glorieuses de leur petit succès.
Beauchâteau, qui touchait fort bien, demeura
cependant paisible et tranquille à côté de son
père, de façon que la compagnie était loin de
soupçonner qu'il fût en état d'obtenir les mêmes applaudissements que les jeunes personnes.

Sur ces entrefaites, arriva Pazzarini, fameux violon de Toscane. Il connaissait le jeune
François, qu'il avait vu plus d'une fois dans
les concerts, et avec qui il se plaisait beaucoup
à parler italien. « Cappita, lui dit ce musicien,

cappita ! vous ne jouez point, vous, mon ami !
Ah ! vous êtes un petit fripon, de dérober ainsi
à la société le plaisir de vous entendre ! »
Alors chacun tourna soudain les yeux vers
l'enfant interdit et tout honteux du compli-
ment. On le pria de se mettre à son tour au
clavecin, ce qu'il fit de la meilleure grâce du
monde, et il s'y accompagna en chantant plusieurs chansons espagnoles avec autant de
goût que d'intelligence.

Lorsque Beauchâteau eut fini de jouer, les
dames étonnées l'embrassèrent et le comblè-
rent de caresses ; elles lui adressèrent ensuite
la parole en italien et en espagnol ; il leur
répondit dans les mêmes langues. Il parla
même des mœurs, des coutumes, du gouver-
nement et des arts de ces belles contrées, de
façon qu'on ne pouvait se lasser de l'entendre.
Chacun fut dans l'enchantement, et l'on ne
savait lequel admirer davantage, ou d'un talent si rare, ou de tant de discrétion dans un
âge encore si tendre.

François de Beauchâteau, ce jeune poète si
plein de verve et d'enjouement, nous a laissé
des œuvres où préside l'imagination la plus
riante ; la troisième édition de ces œuvres sur-

tout renferme entr'autres morceaux de poésie: *la Mouche et l'Araignée ; la Souris grise ; le Rondeau à maman ; l'Épître à papa ; le Jeu de Quilles ; le Cerf-Volant ; les Bulles de Savon,* qui sont des poésies remplies de badinage et de gaieté, et qui peuvent servir d'instruction et d'amusement à la jeunesse.

Telle fut la vie de cet enfant qui sut si bien, quoique dans un âge fort tendre, allier les qualités du cœur à celles de l'esprit, et qui, si la mort ne fût venue briser sa brillante carrière, serait sans contredit devenu un jour une des plus belles gloires de son siècle.

---

# JEAN PIC DE LA MIRANDOLE

S'il faut en croire la tradition, des miracles révélèrent à la mère de ce prodigieux enfant ce qu'il devait être un jour ; aussi ne voulut-elle confier à personne le soin de la première éducation de son fils. C'est en 1463, le 24 février, que naquit Jean Pic, comte de la Mirandole et de Concordia ; c'est par erreur que la plupart

des historiens le font prince souverain, car il
ne le fut jamais ; c'est son frère aîné Galéoti
Pic qui posséda l'état de Mirandole et de Concordia, après la mort de leur père. Mais qu'importe ! s'il ne porta pas, par droit de succession, une couronne passagère, il sut en conquérir une dont la mort seule ne le déposséda
pas ; nous voulons parler de la couronne d'immortalité, qu'on peut acquérir par la condition
d'être, non pas le premier d'un Etat, mais l'un
des premiers d'entre tous les hommes. Son
étonnante mémoire fit de lui un prodige de
savoir. Dès sa plus tendre jeunesse, quand il
avait entendu trois fois la lecture d'un livre, il
pouvait répéter les mots de plusieurs pages,
soit dans leur ordre naturel, soit dans un ordre renversé.

A dix ans, le jeune Pic était placé par lo
suffrage universel au rang des meilleurs poètes et des plus fameux orateurs ; il alla à quatorze ans étudier le droit à Bologne, et parcourut ensuite les plus célèbres universités de
France et d'Italie. On assure qu'à l'âge de dix-
huit ans il savait vingt-deux langues ; chose
presqu'incroyable, car il n'y a point de langue
qui ne demande au moins une année d'étude

pour la bien posséder. Il alla à vingt ans soutenir quatorze cents conclusions générales sur les sciences, dans la ville de Rome, où son arrivée fit une sensation extraordinaire, tant était grande la réputation qui l'y avait précédé. Ses immenses succès avaient dû nécessairement lui susciter des ennemis; ceux-ci l'accusèrent de magie : treize de ces propositions furent censurées publiquement, comme coupables d'hérésie, par l'ordre du pape Innocent VIII. L'un des censeurs de Jean Pic peut donner une idée de l'ignorance de quelques théologiens de ce temps-là, par cette singulière explication qu'il donna du mot *cabale*, qui se trouvait dans une des thèses du jeune savant, et dont le conseil de censure ne comprenait pas le sens : « Cabale, dit le théologien, c'est un hérétique qui a écrit autrefois contre Jésus-Christ, et qui a des sectaires qu'on appelle cabalistes. » D'après l'avis de si bons juges, Pic de la Mirandole se vit exilé des Etats-Romains; il passa en France; mais il y resta peu de temps, attiré qu'il était par le désir de respirer l'air natal. Sa passion pour l'étude devint si forte qu'il renonça à tous ses biens matrimoniaux, et s'enferma dans l'un de ses châteaux, n'ayant pour compagnons de sa solitude que les livres de sa bibliothèque.

On se tromperait singulièrement en cherchant à établir un parallèle entre ce que la science était alors et ce qu'elle est aujourd'hui. Toutes prodigieuses qu'elles soient, les connaissances de Pic de la Mirandole nous paraîtraient aujourd'hui fort bornées. Ses livres témoignent bien de la vivacité de son esprit, mais ils ne prouvent rien en faveur de son jugement. Il assure quelque part « qu'il n'y a aucune vertu dans le ciel et sur la terre qu'un magicien ne puisse faire agir, et il prétend que les paroles sont efficaces en magie, parce que Dieu s'est servi de la parole pour arranger le monde. » On voit autre part « que les animaux et les plantes naissent seulement de la corruption animée. » Enfin, c'est un fatras d'erreurs qui valut autrefois des éloges outrés à son auteur, mais qui, de nos jours, ne mérite guère autre chose que la pitié qu'on doit à de pauvres aveugles qui se fourvoient dans les ténèbres. Le véritable mérite de Pic de la Mirandole, c'est d'avoir réuni en lui seul toutes les connaissances qu'il était donné à l'homme de posséder en ce temps-là. Il mourut à Florence, le 17 novembre 1494, à l'âge de trente-un ans, et le jour même que Charles XVIII fit son entrée dans cette ville. Le roi de France ayant appris que Jean Pic était à l'extrémité, lui envoya deux de ses médecins, mais leur art ne lui fut d'aucun secours. Les mœurs de Pic de la Mirandole étaient aussi pures que son esprit était actif. S'il a eu peu de connaissances exactes et utiles, dit un de ses historiens, ce fut la faute de son siècle et non la sienne.

---

# AMBROISE DE BOUFFLERS

Dans l'ancien électorat de Mayence, sur les bords du Mein, qui est un beau fleuve de la Confédération germanique, on trouve un petit village nommé Ettingen, où, vers le milieu du dix-huitième siècle, le roi d'Angleterre, Georges II, risqua fort de perdre tout à la fois et son armée et la vie. Il s'agissait alors d'une guerre de succession. En allié fidèle, le monarque était venu là avec son plus jeune fils, le duc de

Cumberland, et les principaux de sa maison militaire, pour replacer sur la tête de Marie-Thérèse d'Autriche, fille de l'empereur Charles VI, la couronne impériale que les Français s'efforçaient de maintenir sur le front de l'électeur de Bavière. Depuis trois ans, nos armes, qui d'abord avaient été victorieuses en Allemagne, ne comptaient plus que des défaites dans cette lutte contre la puissance et les droits d'une princesse courageuse, que l'histoire a saluée du nom de grand homme. Nous avions été repoussés du Danube jusqu'au Mein, et cet empereur d'Occident, que nous nous étions promis de conduire triomphalement à Vienne, attendait honteusement dans Francfort, où il s'était réfugié, que la nouvelle d'une dernière défaite le forçât tout à fait de quitter le territoire de l'empire. Malgré nos revers continuels, telle était l'importance qu'on attachait en Europe au bon comme au mauvais sort de nos entreprises militaires, que Georges II n'avait pas hésité à passer sur le continent pour combattre, en personne, notre armée épuisée et presque anéantie, que Louis XV se contentait de commander au fond de son château de Versailles. Ainsi, sur les rives opposées du Mein, deux grandes nations rivales se trouvaient en présence : la France et l'Angleterre. Elles étaient représentées par leurs plus vaillants soldats, si bien que l'une et l'autre elles pouvaient supposer des noms d'hommes de guerres également fameux ; mais parmi ces noms-là, il y en avait un qui sonnait plus haut que tous les autres, et que toutes les bouches se plaisaient à répéter en y mêlant le même sentiment d'admiration. Or, ce nom qui faisait si grand bruit, ce n'était pourtant que celui d'un tout petit officier français, bien jeune encore, car il avait quitté les genoux de sa mère tout exprès pour venir faire ses premières armes sous les yeux de son père et de son oncle, le comte et le duc de Bouffleurs-Remiancourt.

Le jeune Ambroise de Boufflers comptait dix ans à peine, lorsqu'un jour, il y avait six mois de cela, comme il était occupé à faire manœuvrer ses petits soldats de bois dans le salon de sa mère, devant une forte citadelle de carton, son père reçut un message du ministre qui lui ordonnait de quitter Paris et de rejoindre en Allemagne l'armée française, commandée par le maréchal de Noailles. A cette nouvelle, l'enfant sent bondir son jeune cœur, ses yeux lancent des étincelles de joie ; il repousse ses joujoux, s'élance au cou de sa mère, l'enlace de ses deux bras déjà forts, et lui dit en l'embrassant mille fois :

« N'est-ce pas, maman, que vous voulez bien que papa m'emmène avec lui pour battre les Anglais ? »

A cette idée d'une séparation prochaine, une mère ne peut répondre que par des larmes ; madame de Boufflers pleura ; elle regarda son mari comme pour le supplier de ne pas exaucer un désir qui se manifestait avec toute la chaleur d'une vocation impérieuse. Le comte de Boufflers avait aussi les yenx humides, mais ses larmes étaient des larmes de bonheur ; il était fier de voir son noble enfant si désireux d'entrer dans une carrière où ses aïeux avaient acquis tant d'illustration.

Le courage militaire était une vertu de famille à laquelle le jeune Ambroise de Boufflers ne pouvait pas mentir : il avait reçu pour cela une éducation trop chevaleresque. Ses premiers jouets furent des armes, et, dès l'âge de six ans, il les maniait avec toute l'adresse et la précision d'un vieux soldat. Les premières leçons qu'on lui donna, c'est dans la vie des grands capitaines anciens et modernes que son instituteur se plut à les puiser. Et quel digne instituteur c'était que celui de notre héros de dix ans ! Ambroise de Boufflers n'eut qu'un maître; mais celui qui prit soin d'orner son esprit et de former son cœur, ce fut son grand'père, Joseph-Marie, duc de Boufflers et gouverneur de Flandre, un illustre capitaine aussi, dont le nom est glorieusement inscrit parmi les noms glorieux du règne de Louis XIV, à l'âge où les autres enfants lisent à peine couramment les livres écrits de leur langue naturelle, Ambroise de Boufflers pouvait raconter en allemand, en anglais, en espagnol et en italien les exploits des héros de l'Allemagne, de l'Angleterre, de l'Espagne et de l'Italie. A l'âge où nous commençons seulement à nous familiariser avec la vie, il savait déjà, lui, ce que c'est que de bien mourir, mais sans se douter, le malheureux Ambroise, qu'il dût mettre sitôt en pratique les graves enseignements dont un maître sévère aimait à nourrir la mémoire de son disciple attentif. Il n'est pas besoin de dire que les plaisirs de l'enfant, aussi bien que ses études, avaient tous pour objet la connaissance approfondie de l'art de la guerre. Quand le jeune comte de Boufflers avait bien obéi comme soldat, on lui permettait de commander comme officier son régiment de bonshommes de bois. Souvent, dans leurs heures de loisir, le grand'père et le petit-fils, prenant chacun un nombre égal de soldats, se livraient sur la table du cabinet d'études de terribles batailles où le sang ne coulait pas, mais où la science du vieux général s'ingéniait à placer l'armée ennemie dans des positions périlleuses, afin d'exercer le coup d'œil de son élève, et de préparer son intelligence aux épreuves difficiles de l'avenir. Mais, nous l'avons dit, Ambroise de Boufflers venait d'atteindre sa dixième année, le temps des guerres innocentes était passé pour lui; aux jeux de l'esprit allaient succéder les fatigues du corps, car l'enfant brûlait de mettre en pratique les belles leçons qu'il avait reçues.

Quand M. le comte de Boufflers eut entendu son fils lui parler ainsi, il répondit : « Oui, tu viendras avec moi. » Aussitôt l'enfant serra ses joujoux en leur disant : « Au revoir. » Il dit aussi au revoir à son vénérable précepteur, et il partit tout plein d'espoir dans l'avenir; car il emportait avec lui la bénédiction et les tendres vœux de sa mère.

Arrivé au camp, Ambroise de Boufflers, malgré les priviléges de la naissance et la faiblesse naturelle à son âge, voulut absolument gagner un à un tous les grades dans le régiment que le comte de Boufflers avait sous ses ordres. Il obtint de son père, à force d'instances, la permission de partager le lit, la ration et le service pénible des simples soldats; ceux-ci, sans doute touchés de sa gentillesse, se faisaient un plaisir de lui rendre plus doux un genre d'existence si peu d'accord avec ses forces; mais l'enfant avait si bien la conscience de ses devoirs militaires, qu'il réclamait sa part de toutes les fatigues et de tous les dangers, et qu'il se plaignait d'un passe-droit lorsque les vieilles moustaches avaient à s'acquitter de tâches pénibles qu'on ne lui permettait pas de partager. Il apprit donc à dormir sur la terre nue; mais à dix ans on dort si bien partout, qu'après la première nuit d'épreuve, quand son père vint à lui tout inquiet de cet essai de la vie de soldat, l'enfant, frais, gaillard et souriant, lui sauta au cou, et dit en l'embrassant : « Comment puis-je regretter

Un dimanche, il fut surpris par un monsieur qui cherchait aussi
des fleurs (page 141)

mon bon lit de Paris ! J'ai rêvé que j'étais maréchal de camp. » Quelques jours après, Ambroise de Boufflers avait su mériter ses premiers galons de laine ; ce fut le vieux duc de
Noailles qui voulut les lui attacher lui-même
en présence de ses principaux officiers et devant tout le régiment du comte de Boufflers.
Comme on battit des mains quand le chef de
l'armée, baisant au front le plus jeune, mais
non pas le moins courageux de ses soldats, lui
dit : Quand veux-tu que nous échangions tes
épaulettes de laine contre une belle épaulette
d'argent ? — Dans huit jours, monseigneur, répliqua l'enfant, parce qu'alors je l'aurai
gagnée. » En effet, au bout de huit jours, le
jeune comte de Boufflers était élevé au grade
d'enseigne, et ce n'était pas par indulgence
paternelle que son père s'était décidé à lui confier un guidon ; la voix du régiment tout entier
avait réclamé cette récompense en faveur du
brave enfant. Le lendemain de sa nomination,
voici ce qu'Ambroise de Boufflers écrivait à sa
mère :

« Chère maman, ne soyez pas inquiète ni
tourmentée en voyant que mon écriture est si
tremblée ; je n'ai pas encore l'habitude d'é-

crire de la main gauche, et j'ai eu la droite un peu blessée par le sabre d'un houlan qui voulait me prendre mon joli drapeau. C'eût été beau, n'est-ce pas, de me le laisser enlever par l'ennemi quand je ne l'avais encore que depuis trois heures, car c'est hier que papa m'a confié le guidon que j'ai bravement défendu, je vous le jure. A peine étais-je installé dans mon emploi d'officier, qu'il m'a fallu escorter une compagnie de cent vingt cavaliers qui allaient au fourrage ; nous allions là comme à une promenade, et vraiment c'en était une bien amusante, pour moi surtout, qui voyais pour la première fois tant de braves gens sous mes ordres. Mais voilà qu'à notre retour nous sommes enveloppés par une bande de ces vilains Allemands qui tombent sur nous en poussant des cris qui vous feraient bien peur si vous pouviez les entendre. D'abord cela m'a un peu étourdi ; j'ai vidé les étriers et je suis tombé sous mon cheval ; mais bientôt la présence d'esprit m'est revenue, je suis remonté à cheval, et j'ai fait le coup de pistolet contre ceux qui s'acharnaient après moi. Nous n'avons perdu personne ; et le plus malade de l'affaire, c'est mon pauvre chapeau, qui a été percé de trois balles; heureusement on pouvait le remplacer; mais une perte irréparable que je craignais de faire pendant le combat, c'était celle de mon brave domestique, ce pauvre François, qui a dix fois risqué sa vie pour sauver la mienne. Je n'ai pas besoin de vous dire, chère maman, si papa m'a bien embrassé quand il m'a vu revenir au camp; jamais il ne m'avait tant aimé que dans ce moment-là, et cependant vous savez combien il m'aime. Il vous dira lui-même si je me suis bien conduit dans ma première affaire. Quant à moi, je me sens la main gauche si fatiguée, que je n'ai plus la force que de vous dire que tous les matins et tous les soirs je prie le bon Dieu de me faire la grâce de vous revoir quand la campagne sera terminée. »

Cette campagne dura encore trois mois pour le jeune héros. Tous les jours on s'attendait à une bataille décisive, car l'armée anglaise, bloquée de l'autre côté du Mein, était privée de vivres, et déjà l'on discutait s'il ne fallait pas en finir avec les chevaux qui devenaient inutiles depuis qu'on ne pouvait plus les nourrir. Durant les trois mois qui précédèrent l'affaire désastreuse d'Ettingen, Ambroise de Boufflers eut à supporter bien des fatigues, à braver bien des périls ; tantôt c'était une nuit sans sommeil qu'il fallait passer tout entière à côtoyer les postes ennemis, au risque de se faire massacrer par les détachements qui veillaient à la sûreté de l'armée de Georges II, tantôt c'était une position difficile à garder pour préserver le camp français des dangers d'une surprise ; mais, soit qu'il fallût aller au-devant de la mort ou rester là pour l'attendre, toujours Ambroise de Boufflers obéissait sans se plaindre, et bien souvent il donnait aux autres l'exemple de la soumission et du courage. Jamais une larme, jamais un soupir, et quand il avait bien souffert des privations ou du froid, il était le premier à se souvenir de son âge, à rire comme peut rire un enfant de dix ans, au moindre sujet de gaieté qui se présentait à son esprit. Enfin arriva le jour tant désiré de cette sanglante bataille qui devait mettre fin aux sanglantes discussions de Marie-Thérèse et de Charles-Albert de Bavière, touchant la libre possession de la couronne impériale. On peut lire dans les mémoires du temps comment le duc de Noailles avait, par ses savantes dispositions, ménagé à la France l'honneur de cette journée ; un ordre mal compris, une coupable précipitation dérangea le plan conçu par le chef de notre armée, et, au lieu de vaincre, comme nous avions droit de l'espérer, nous eûmes à déplorer la perte de plusieurs milliers de soldats inutilement sacrifiés pour une cause qui n'était pas la nôtre. Le matin de ce grand jour, le comte de Boufflers prit son fils dans ses bras ; et, comme celui-ci disait avec une naïve confiance : « C'est aujourd'hui que nous allons acquérir de la gloire. » « Que Dieu t'entende, mon enfant ! lui répondit son père ; mais je crois que le champ de bataille nous sera chaudement disputé. Dans le cas où nous ne nous reverrions plus, que nous n'ayons pas le regret de nous quitter sans nous être embrassés. » Ils s'étreignirent avec amour. « Encore un baiser pour ta mère, ajouta M. de Boufflers, comme on allait se mettre en marche, et puis songe à bien faire ton devoir. » Le père et l'enfant se quittèrent, et de toute la journée ne se revirent plus. Le combat fut terrible sur tous les points ; les feux se croisèrent pendant plusieurs heures sans interruption, et le canon répondant au canon balaya de part et d'autre des corps entiers de combattants. Ambroise de

Boufflers, établi dans un poste qu'il ne pouvait pas quitter sans un ordre supérieur, vit tous ceux qui l'entouraient tomber morts à ses côtés ; il resta fidèle à son poste jusqu'à ce qu'un boulet vint, en passant, lui fracasser la jambe gauche ; alors l'intrépide enfant poussa un cri de douleur, appela sa mère et s'évanouit. Quelque temps après, comme la bataille était perdue, et que les Français abandonnaient le terrain sur lequel ils venaient de combattre, un soldat qui fuyait aperçut l'enfant étendu sous le ventre de son cheval. Ambroise de Boufflers était trop bien connu de toute l'armée pour que le soldat ne sût pas au premier coup d'œil quel était ce jeune officier qu'il voyait là, gisant à terre, au milieu d'un monceau de cadavres. Ne songeant plus à sa propre sûreté, le brave homme charge l'enfant sur ses épaules et se dirige avec son fardeau vers le camp de réserve. Trois fois il est arrêté dans sa course par des détachements d'Autrichiens qui lui barrent le chemin, trois fois il montre l'enfant blessé, et il nomme Boufflers. A ce nom, l'ennemi fait le salut militaire, et livre passage au soldat par respect pour l'officier de dix ans et demi. Il arriva enfin au camp des Français. Le jeune comte de Boufflers ayant recouvré ses sens, il fallut lui dire que sa blessure était si grave qu'elle nécessitait l'amputation de la jambe. « Allons, dit-il, puisqu'on ne saurait faire autrement, j'aime encore mieux perdre une jambe que la tête. » Et il allait subir courageusement la cruelle opération, lorsqu'il se ravisa : « On en peut mourir, n'est-ce pas ? » demanda-t-il. Le chirurgien baissa tristement la tête ; l'enfant comprit alors toute la gravité de sa situation. Il demanda une demi-heure de répit, non parce qu'il avait peur de l'opération, mais il voulait, avant de s'y soumettre, écrire une dernière fois à sa mère. Cette lettre fut encore plus tremblée que la première. Il souffrait tant !

« Chère maman, écrivait-il, je viens de recevoir une blessure à la jambe ; je ne vous cacherai pas qu'il faut qu'on me la coupe. Je souffre plus que je ne pourrais vous dire ; mais c'est moins de mon mal que de la douleur que vous allez ressentir de ce malheur. Je pense bien survivre à l'opération ; mais si Dieu en ordonne autrement, que j'aie au moins la consolation de vous embrasser dans cette lettre. Qu'elle soit pour vous, chère maman, une nouvelle preuve de mon tendre souvenir et de ma reconnaissance pour vos bienfaits. »

Quand il eut achevé, Ambroise de Boufflers confia avec résignation sa jambe blessée à l'instrument du chirurgien ; M. de Boufflers était là qui tenait la main de son fils, et qui lui disait en pleurant : « Du courage, mon ami, du courage ! — J'en ai plus que vous, lui répondit-il en souriant. » Mais tout-à-coup le sourire s'effaça, le courageux enfant pâlit. « Ah ! je meurs, » dit-il d'une voix étouffée. Une seconde après avoir dit ces mots, Ambroise de Boufflers n'existait plus.

C'est ainsi que cette grande âme abandonna ce jeune corps dans la funeste journée d'Ettingen. Le sublime enfant était né en 1734.

# MÉTASTASE

Il se nommait Trapassi, et, sous ce nom bien obscur, l'enfant s'essayait, par son génie hâtif, à conquérir la célébrité qu'il devait répandre un jour. comme à pleines mains, sur son nom d'emprunt de Métastase. Le poète lyrique, qui devait plus tard charmer par la mélodie de ses sons les oreilles délicates des rois et des grands du monde, n'était, à l'âge de dix ans, qu'un poète de basse classe du peuple, un simple improvisateur de carrefour. La foule se pressait au coin des rues de Rome, pour entendre chanter de si mélodieuses canzonnettes par ce joli enfant tout blond, tout animé par l'inspiration poétique, et dont les vers doux et parfumés coulaient de ses lèvres comme les gouttes d'un miel limpide couleraient sur des feuilles de rose. Quand la verve de l'enfant était épuisée, il souriait gracieusement à son auditoire, descendait du banc de pierre sur lequel il venait de monter pour dominer l'assemblée, et puis il prenait congé des spectateurs, sans vouloir recevoir d'eux autre chose que des caresses et des bonbons ; car Trapassi n'était pas un mendiant, et, quoique son père ne fût qu'un pauvre artisan, du moins il travaillait assez pour nourrir sa famille, sans qu'elle eût besoin d'implorer la charité publique.

Le peuple a pour ses poètes plus de véritable enthousiasme peut-être que n'en ont les hommes artistiques et savants pour les hommes de génie. On prend aussi bien parti pour les choses de plaisir que pour les croyances religieuses, car le plaisir est un culte aussi, comme le génie est une royauté; si bien que deux grands poètes, deux grands peintres, deux grands artistes enfin, qui, chacun dans le même temps, suivent une route différente avec des talents égaux, séparent en deux camps rivaux leurs admirateurs différents, comme deux rois qui auraient au trône des droits également légitimes, sépareraient la nation en deux armées rivales.

J'ai dit cela pour faire comprendre comment le peuple de Rome était partagé, en ce temps-là, entre le jeune poète de dix ans, qui mettait dans ses chants une sensibilité vraie, une douce mélancolie, et un autre improvisateur, le vieux Belluci, poète âpre, désordonné; génie à qui sa muse n'inspirait que des chants de désespoir, qui n'évoquait que des images monstrueuses et qui ne savait peindre que d'effrayants tableaux. Tandis que l'enfant laissait aller ses rêveries dans les jardins enchantés d'Armide, le vieil improvisateur traînait impitoyablement son auditoire dans les cercles infernaux où le Dante alla surprendre les cris de rage des damnés.

C'était tous les jours entre le parti Trapassi
et le parti Belluci une lutte nouvelle. Parmi
les admirateurs de l'enfant, il y avait un perruquier, nommé Zaverio, qui comptait au
nombre de ses pratiques le savant jurisconsulte Gravina. Un jour Zaverio arriva plus
tard qu'il n'avait coutume de le faire chez le
célèbre fondateur de l'académie des Arcades ;
celui-ci, qui aimait l'exactitude, gronda son
perruquier de ce qu'il arrivait si tard ; Zaverio
s'en excusa, prétextant une querelle littéraire,
que lui, admirateur du jeune Trapassi, avait
été obligé de soutenir contre un zélé partisan
du vieux Belluci. Gravina, qui vivait dans un
monde élevé jusqu'où le nom du petit improvisateur n'avait pu monter encore, s'informa de
ce que c'était que cet enfant de génie dont
Zaverio lui parlait avec un si chaleureux enthousiasme. Bien que le jurisconsulte, qui était
poëte aussi, n'eût pas une bien grande confiance dans les sympathies littéraires de son
perruquier, il éprouva le désir de connaître
l'improvisateur imberbe qui excitait si fort
l'admiration de maître Zaverio ; le soir, il alla
au Champ-de-Mars pour entendre improviser
l'enfant, qui avait accepté le combat poétique

que lui offrait Belluci. Les deux armées s'étaient mêlées, confondues, et la foule était si grande, que Gravina ne parvint qu'à grand'peine à trouver place dans le cercle immense des curieux. Enfin, il parvint à se glisser au premier rang.

Soit par respect pour l'âge de son adversaire, soit par un louable sentiment de modestie, ou soit plutôt par une simple coquetterie de poète, l'enfant céda tout d'abord la parole à Belluci. Celui-ci appela à son secours tout ce que son imagination sauvage et vagabonde pouvait lui fournir d'images gigantesques ou déchirantes : il fit passer tout son auditoire par tous les degrés de la terreur; il l'enleva, pour ainsi dire, de rochers en rochers à travers des chemins bordés de ronces et d'épines; et puis, quand il l'eut conduit au sommet, par un dernier effort de son génie, il fit jaillir l'éclair, éclater la foudre, et précipita dans le fond des abîmes sa victime foudroyée. Après cette orageuse péroraison, Belluci se croisa les bras, regarda fièrement la foule, qui semblait pétrifiée d'admiration et de terreur. Ensuite il se tourna vers son jeune émule, qui se tenait assis et la tête penchée sur sa main, subissant, lui aussi, la puissance de ce terrible génie. Eh bien ! lui dit Belluci, parle ; maintenant la victoire te sera difficile, car je leur ai ôté jusqu'à la force de m'applaudir. »

Rappelé à son rôle d'improvisateur par l'orgueilleuse apostrophe de son fougueux rival, le jeune Trapassi se leva, monta sur le tertre d'où Belluci venait de descendre d'un air triomphateur, et puis à son tour l'enfant prit la parole.

Vous souvient-il d'avoir contemplé le ciel un jour que le temps était lourd et chargé d'orage ? Avez-vous éprouvé comme la poitrine longtemps oppressée respire plus à l'aise, et comme l'air circule peu à peu plus librement dans les poumons, à mesure qu'un rayon de soleil perce de plus en plus le nuage ? Savez-vous bien comme le regard cherche et s'arrête avec bonheur sur l'espace bleu du ciel, que l'œil peut entrevoir quand le retour du beau temps déchire par lambeaux la masse noire des nuées ? Eh bien ! autant on respire à l'aise, autant le cœur est soulagé, autant les yeux se pénètrent avec bonheur de l'azur qui les inonde, autant la vie semble revenir avec le soleil qui revient à nous. autant la douce poésie de Trapassi ramenait à de douces pensées l'âme de ses auditeurs, autant ses mélodieuses chansons guérissaient les blessures que Belluci avait faites. Le premier venait d'amasser des pleurs snr le cœur de ceux qui l'écoutaient; mais Trapassi, plus heureux poète encore, les fit couler de leurs yeux. L'un semblait avoir desséché de son souffle brûlant tout ce qui l'entourait; l'enfant, par sa douce et pure haleine, rendait à tout ce qui l'environnait la vie et la fraîcheur; l'âme s'épanouissait à sa voix; les battements du cœur se réglaient aux accents cadencés de sa douce musique, et, comme au souffle du créateur, la nature semblait s'éveiller et chanter avec lui.

La victoire du jeune Trapassi fut complète, et, nous devons le dire, si l'orgueil de son rival se trouva blessé, du moins il n'ajouta pas au malheur de sa défaite la honte de passer pour un homme jaloux, car, le premier, il courut à l'enfant pour l'embrasser; puis, le prenant dans ses bras, il dit en le montrant à la foule : « Celui-ci est vraiment un poète. »

Alors les applaudissements éclatèrent, et Belluci put en prendre sa part; car, si l'on admirait le génie précoce de l'enfant, on était

profondément touché aussi du généreux mouvement de son redoutable adversaire. Trapassi fut
porté comme en triomphe jusque dans la maison
paternelle ; longtemps la foule encombra l'é-
troite habitation occupée par les parents de
l'improvisateur. Le pauvre père pleurait en
voyant que son fils avait tant mérité d'hom-
mages : « Mon Dieu, disait-il, pourquoi ne suis-
je pas plus riche, j'en ferais un savant. » Un
homme s'approcha du père de l'enfant poète et
répondit : « Moi, je suis riche et j'adopte votre
fils ; je lui donnerai un nom, il s'appellera
Métastase ; il y a en lui un reflet du génie des
poètes grecs, c'est pourquoi je veux qu'il porte
un nom grec. »

Ainsi parla l'illustre Gravina ; car, toujours
caché dans la foule, il était entré avec elle dans
la maison du pauvre artisan.

Le protecteur, fidèle à ses promesses, guida
de ses conseils l'enfant qu'il avait adopté. A
quatorze ans, Métastase composa sa première
comédie, et elle lui mérita le surnom de Racine
de l'Italie. Gravina mourut en laissant à son
élève une fortune considérable. — Dans sa
longue carrière dramatique, Métastase ne
compta que des succès ; il mourut âgé de quatre-

vingt-deux ans, après avoir doté le monde littéraire de soixante-trois tragédies lyriques, douze oratorios, une foule innombrable de cantates, d'élégies, d'idylles et de sonnets, parmi lesquels on cite d'inimitables chefs-d'œuvre.

---

# CHARLES LINNÉE

Si la vie tout entière de Charles Linnée peut être proposée aux jeunes gens studieux comme le meilleur modèle à suivre, la première moitié de sa longue carrière doit être offerte en exemple à ceux qui voudraient une gloire facile et qui se rebutent dès qu'un obstacle menace d'arrêter leur premier élan. Son père était un pauvre ministre protestant de la ville de Boishult, dans la province du Imaland en Suède. On destina le jeune Charles à l'état ecclésiastique, et il fut envoyé, ainsi que les jeunes écoliers des villages voisins, au collége de Vexiæ; mais son instinct le poussant vers les sciences naturelles, au lieu d'étudier les

livres des hommes, il interrogeait le grand
livre de la nature et laissait de côté les poètes
de l'antiquité pour chercher à comprendre tout
ce qu'il y a de poésie dans une fleur naissante.
Quand son père le croyait studieusement occupé de ses devoirs du collége, l'enfant errait
çà et là dans la campagne, allant demander
aux mousses qui croissent sur les arbres, aux
végétaux qui naissent sur les pierres humides,
à toutes les feuilles, à tous les brins d'herbe, le
secret de leur reproduction ; et ses curieuses
investigations le préoccupaient tant, lui cau-
saient des ravissements si doux, que tout le
jour se passait dans cette charmante étude, et
que souvent la nuit venait le surprendre sans
qu'il eût encore songé à l'heure avancée et à
l'inquiétude que son absence prolongée devait
faire éprouver à ses parents. Les professeurs
du collége déclarèrent Linnée incapable d'apprendre quelque chose. On attribua à un penchant pour le vagabondage ses courses dans la
campagne ; le ministre, indigné de ce qu'il appelait la mauvaise conduite de son fils, le retira
définitivement du collége, et le contraignit
d'entrer en apprentissage chez un cordonnier.
Il passa là de bien douloureuses années : l'hiver

il se résignait plus facilement à son sort, parce qu'il n'y avait pas des plantes à étudier; mais quand la neige était fondue, quand le soleil brillait, quand sa bienfaisante chaleur invitait à la vie toutes ces couronnes de feuilles, toutes ces grappes de fleurs, que le printemps jette à pleines mains sur les arbres des forêts et sur l'herbe des prairies, oh! c'est alors que l'apprenti cordonnier trouvait que sa condition était triste et malheureuse! Se voir forcé de rester là, lorsqu'il n'aurait eu que quelques pas à faire pour assister au réveil de la nature. Ne pas pouvoir bouger de cette échoppe enfumée quand les autres respirent un air embaumé! Se sentir cloué sur un ignoble tabouret lorsque tant d'insectes avaient recouvré leurs ailes et qu'ils bourdonnaient joyeusement autour des fleurs épanouies! Charles Linnée pleurait, on riait de ses larmes, et l'on insultait à ses dégoûts pour une profession qui révoltait son génie. L'enfant avait tout bas de sublimes élans d'indignation; mais il ne pouvait les laisser éclater, car il y avait là un maître brutal toujours, prêt à punir le moindre petit murmure. Cependant le dimanche arrivait, et, pour quelques heures ce jour de repos le rendait à la liberté. Content d'avoir un peu de pain dans sa poche, Linnée s'enfonçait dans la profondeur des bois, et seul avec ses plantes chéries, il ne les quittait plus qu'il n'eût surpris un de leurs secrets.

C'est ainsi qu'il observa l'heure de leur sommeil ; qu'il sut quelle fleur se fermait ou se penchait sur sa tige quand le temps est chargé de pluie. Il composa ainsi son *Horloge de Flore*. Chacune de ses promenades était une conquête nouvelle dont il était si fier, si heureux, que bien souvent, en rentrant le dimanche soir chez son maître, il retrouvait intact dans sa poche le morceau de pain qu'il y avait mis le matin pour toute la journée. Charles Linnée savait tout ce qu'on peut savoir de botanique à son âge, quand on en a fait son étude de tous les instants. Un dimanche qu'il herborisait dans la campagne, il fut surpris au milieu de son travail par un monsieur qui cherchait aussi des fleurs pour les étudier. Les deux botanistes conversèrent ensemble.

L'homme, charmé de l'intelligence de l'enfant, lui prêta un livre qu'il avait sous le bras : c'était la *Botanique élémentaire* de Tournefort. Le médecin Rottman, ainsi se nommait l'homme obligeant que Charles Linnée venait de rencontrer, ne borna pas à ce prêt d'un livre ses bonnes intentions pour l'apprenti cordonnier : il le recommanda à Stobacus, professeur d'histoire naturelle à l'Université de Lunden, et, grâce à la protection de Rottman, Linnée sortit de chez le cordonnier pour aller étudier les sciences naturelles sous ce savant professeur. Telle était la misère à laquelle le jeune botaniste se trouvait réduit, que, pour se procurer des objets de première nécessité, il se vit forcé de raccommoder les chaussures de ses camarades. Aussi ce métier, qui avait fait son désespoir, devint pour lui une précieuse ressource ; ainsi tout ce qu'on sait trouve tôt ou tard son utile application ; ainsi rien de ce qu'on peut apprendre n'est à dédaigner. Un professeur, nommé Aulaüs Celcius, le tira de cette détresse : il associa Linnée à ses travaux, lui offrit sa table et la jouissance d'une riche bibliothèque ; puis enfin, le savant Rudbeck lui proposa de donner quelques leçons de botanique dans le jardin de l'Université d'Upsal. Il sortit de l'obscurité ; mais il ne devait pas encore de longtemps arriver à la fortune.

Doué d'une activité prodigieuse, il alla à

pied étudier la botanique jusqu'aux régions presque désertes de la Laponie. De retour de ce périlleux voyage, le laborieux Linnée passa en Hollande, et pour échapper au besoin il se vit obligé d'entrer en qualité de jardinier chez un horticulteur. Dans ce temps-là sa réputation était déjà européenne, et cependant il n'en sentait pas moins les atteintes de la misère. Enfin quelqu'un le reconnut sous les pauvres habits et dans le modeste emploi qu'il avait choisi pour pouvoir subsister.

Le maître chez qui Linnée travaillait en qualité de jardinier était un célèbre et riche amateur nommé Clifort ; quand celui-ci eut appris quel homme savant il avait l'honneur de posséder chez lui, il offrit son amitié à Linnée, et lui donna la place de directeur de son magnifique jardin. C'est aux frais de cet homme généreux que fut publié le premier ouvrage de Linnée. Le temps d'épreuves du grand naturaliste n'était point encore accompli, mais s'il ne parvint pas vite à la place que son génie lui réservait, du moins, dans la route pénible qu'il eut encore à parcourir, il marcha environné de l'estime du monde savant. Continuant avec courage sa laborieuse carrière, il vit enfin le jour de la récompense arriver pour lui ; il fut le plus illustre professeur de cette université d'Upsal, dont il avait été le plus pauvre des étudiants. Quand il mourut, toute la ville d'Upsal prit le deuil ; le roi de Suède lui fit élever un tombeau dans la cathédrale. Gustave III composa lui-même l'oraison funèbre de Linnée et prononça l'éloge du grand homme à l'assemblée des Etats.

On lisait sur la porte du cabinet d'études de Linnée ces mots écrits de sa main :

> Vivez dans l'innocence,
> Dieu est présent.

---

# MILTON

Nous ne voulons citer qu'un seul trait de l'enfance du grand Milton, de ce poète immense qui fut aveugle comme Homère, qui eut autant de génie que le Dante, et qui mourut sans savoir que sa patrie l'inscrirait un jour au nombre de ses plus grands hommes. Car, rappelons-nous-le bien pour ne jamais désespérer de l'avenir : l'auteur du *Paradis perdu* ne fut, aux yeux de ses contemporains, qu'un poète obscur, et l'Angleterre ne s'avisa de compter le divin poème parmi ses richesses nationales que plusieurs années après la mort de Milton. C'est à peine si, de son vivant, on consentit à lire quelques fragments du *Paradis perdu*, et même ceux qui eurent ce qu'on appelait le courage de lire les vers admirables du poète maître d'école, décidèrent que l'ouvrage était digne du dernier mépris.

Ainsi, vous tous qui sentez naître en vous le noble désir de la gloire, vous qui jugez assez bien de vos forces pour pouvoir vous dire : J'irai loin, ne vous arrêtez pas en chemin parce que nul ne viendra vous dire que la route que vous suivez est belle et que vous y marcherez dignement; allez, allez toujours et sans vous décourager jamais; si les applaudissements vous manquent aujourd'hui, souvenez-vous qu'un demi-siècle après sa mort, Milton eut des statues.

était si sage et modeste, que ses camarades de collége le surnommaient la belle vierge. De chaque côté de son front ses cheveux tombaient en larges boucles et allaient

7

flottants sur ses épaules. Ses yeux avaient la plus touchante expression de bonté, et son visage, ordinairement pâle, se colorait, au moindre éloge qu'on pouvait faire de lui, d'une modeste rougeur qui l'embellissait encore.

C'était pendant un jour d'été. Milton, à la suite d'une longue promenade, venait de s'endormir sous un arbre au bord d'une grande route. Deux dames, qui passaient en voiture, frappées de la beauté du jeune étudiant, firent arrêter leur carrosse, et descendirent pour le contempler de plus près. Une des deux, qui pouvait avoir à peine quinze ans, après un moment de contemplation qui ressemblait à de l'extase, devant les camarades de Milton qui étaient cachés près de là et qui se trouvaient spectateurs de cette scène muette; cette dame, lui dirent-ils, tira un crayon de sa poche, écrivit quelques lignes, déchira un feuillet de son souvenir et le glissa en tremblant dans les mains de Milton : puis les deux étrangères remontèrent en voiture et partirent. Réveillé par ses amis, Milton apprit bientôt de ceux-ci ce qui venait de se passer. Le bel étudiant s'empressa d'ouvrir le billet qu'on avait glissé dans sa main. Il contenait ces lignes tirées du poète Guarini :

« Beaux yeux, astre mortel, si, fermés par le sommeil, vous avez blessé mon cœur ; ouverts, quelle doit être votre puissance ? »

Les amis du jeune dormeur le plaisantèrent beaucoup sur cette aventure ; quant à lui, il en fut tout troublé. Une pensée l'occupait tout entier, ce fut celle de retrouver la belle étrangère qui venait de faire en sa faveur une si flatteuse application des vers du poète italien. Grâce à celle qu'il ne devait jamais connaître, Milton étudia la langue du Tasse et de Pétrarque. Sans cesse poursuivi par le désir de se rapprocher de cette femme, il quitta l'Angleterre, il alla à Gênes, à Venise, à Rome, à Naples ; il se familiarisa avec les poètes qu'elle paraissait aimer, il devint lui-même poète ; et c'est peut-être à cette rencontre, un jour d'été, sous un arbre, près d'une grande route, que l'Angleterre est redevable du *Paradis perdu*.

Gloire à l'inconnue qui profita du sommeil de l'enfant pour en faire un grand homme.

# LESUEUR,

## COMPOSITEUR CÉLÈBRE.

Pour la joie de sa famille, pour le bonheur de ses amis, celui-là vit encore. Dans sa noble et glorieuse vieillesse, il s'appuie sur des succès qui ne vieilliront pas; le temps a respecté l'immense popularité de ses ouvrages, et le cri d'admiration qu'excita l'opéra des *Bardes* retentit encore trop haut pour qu'il soit besoin d'ajouter un mot d'éloge quand on a nommé Lesueur.

Ce n'était pourtant que le fils d'un cultivateur assez peu aisé de la commune de Plessier, en Picardie; il faut dire qu'avant la succession de malheurs qui l'avaient entièrement ruiné, sa famille avait compté autrefois plus d'une illustration dans les arts et la magistrature. Il est né dans un obscur village; obscur, non plus à présent, car il possède un monument que les amis des arts vont visiter avec un saint respect; ce monument, c'est la chaumière où Lesueur a vu le jour.

Dans le temps où le grand musicien dont nous venons de parler n'était encore qu'un musicien des campagnes, déjà le génie musical tourmentait cette jeune âme et la poussait vers son illustre destinée. Il se composait des instruments rustiques encore bien imparfaits, mais dont il aimait à tirer des sons sur des tons que son intelligence seule lui enseignait à moduler. On chantait à l'église du village, avec ferveur sans doute, mais sans beaucoup de goût, et pourtant ce chant triste et monotone le jetait pour tout un jour dans une étrange rêverie. Le ramage des oiseaux, le bruit du vent dans les arbres, tout ce qui était harmonie, tout ce qui était mélodie dans la voix de la nature, il l'écoutait avec recueillement, il avait soif de s'en abreuver.

Il arriva qu'une fois son attention fut singulièrement excitée par la musique d'un régiment qui passait sur la route; aussitôt qu'il l'entendit, le petit Lesueur se dirigea de ce côté, courut à perdre haleine, et durant près de trois lieues l'enfant suivit le régiment, qui tantôt marchait au son du tambour, tantôt réglait le pas sur sa musique guerrière. Il alla jusqu'à ce que la fatigue l'obligea de s'arrêter, il

tomba épuisé sur la route, mais son enthousiasme n'avait pas cédé à la fatigue ; on le
trouva l'oreille penchée contre terre, et cherchant à saisir le bruit vague de cette harmonie
qui n'arrivait plus que par lambeaux jusqu'à
lui. On le ramena chez son père, et pendant
plusieurs jours ses parents le crurent atteint
de folie ; il ne faisait plus que répéter, à chaque instant du jour aussi bien que la nuit, les
airs dont sa mémoire ne conservait que des
souvenirs incomplets, mais qui le poursuivaient
jusque dans son sommeil. Avec tous les usten-
siles de ménage, l'enfant essayait de repro-
duire les sons qu'il avait entendus ; mais
comme il ne pouvait y parvenir, il pleurait, il
souffrait ; il tomba malade. On lui demanda où
était son mal ; il mit la main sur son front qui
brûlait, et dit dans son patois picard : « Je veux
appreindre à canter. » « Eh bien ! c'est bon !
lui répondait son père ; je te conduirai à la
maîtrise d'Abbeville, où on te fera canter
quand tu voudras. » Le chef de la maîtrise
d'Abbeville prétendit qu'il n'y avait pas de
place pour recevoir le nouvel enfant de chœur;
le jeune Lesueur s'en retourna tout pleurant,
et son père, pour le consoler, lui dit en che-

Le gouverneur de Pignerolles ne parlait à son prisonnier que
la tête découverte. (P. 186.)

min : « Nous irons voir dimanche à Amiens si on veut te recevoir. » Comme le bon père l'avait promis, il alla le dimanche suivant à Amiens avec son fils. Le maître de musique de la cathédrale, touché des prières de l'enfant, qui voulait absolument canter, et devinant sans doute déjà ce que l'avenir réservait de gloire au jeune solliciteur, l'admit parmi les élèves de la maîtrise. C'est ainsi que sortit d'une condition obscure celui qui devait élever si haut l'art de la musique théâtrale en France. Les opéras de la *Caverne* et des *Bardes* ont attaché au nom de Lesueur une juste célébrité. L'empereur Napoléon, qui aimait la France, mais qui n'aimait pas la musique française, ne fut point injuste envers ce grand compositeur : à une représentation de l'opéra des *Bardes*, il obligea notre Lesueur à venir s'asseoir dans la loge impériale ; il le plaça bien en vue des spectateurs, et à chaque fois que l'assemblée trépignait d'admiration, Napoléon semblait désigner l'auteur au public et lui dire : « Voilà celui à qui nous devons ce chef-d'œuvre. »

Gloire au bon paysan picard qui a compris tout ce qu'il y avait de sacré dans la vocation de son fils ; respect à la mémoire du bon maître de chapelle qui n'a point repoussé l'enfant de génie, quand celui-ci est venu lui dire tout ingénûment : « Je veux appreindre à canter. »

## HENRI MONDEUX

Henri Mondeux naquit le 22 juin 1828, à Neuvy-le-Roi, petite commune située à deux myriamètres de Tours. Jacques Mondeux, son père, était fagoteur, et sa mère, Catherine Rulhard, femme de peine dans les métairies; ils avaient cinq enfants, et leur travail de chaque jour suffisait à peine à les nourrir.

Henri Mondeux était de beaucoup le plus jeune, et quand il vint au monde la maison était presque déserte : tous ses frères, déjà grands, étaient employés pour gagner leur vie dans diverses maisons de la commune. Son père et sa mère étaient absents presque toute la journée. Henri s'éleva tout seul; aucune main amie ne dirigea ses premiers pas dans la vie.

Henri Mondeux faillit mourir à l'âge de trois ans, d'une affection cérébrale. A six ans,

Il courut les mêmes dangers ; il eut une fièvre sciatique. Depuis cette époque il se porta bien. À sept ans, il fut accueilli dans une ferme de Neuvy-le-Roi ; il garda les troupeaux comme Valentin Duval, comme Gioto, comme Sixte V.

Seul et abandonné depuis sa naissance, Henri Mondeux eut de bonne heure une vie vagabonde et aventureuse. N'ayant jamais été aimé ni caressé, il avait le caractère sombre, dur, indomptable. Il n'aimait et ne craignait personne. Il avait près de huit ans quand il crut s'apercevoir que le maître chez lequel il était se disposait à se passer de ses services ; il n'attend pas que la retraite lui soit signifiée, il décampe et s'enfuit on ne sait où. Quelques jours après, on le trouva dans une grange, dormant d'un profond sommeil.

Jacques Mondeux, ne sachant comment employer les loisirs de son fils, l'envoya à l'école. Ce fut là, au milieu de jeunes garçons de son âge, qu'on put apprécier facilement combien il avait l'esprit indépendant, sauvage et rebelle.

Robuste pour son âge, il passait ordinairement le temps de l'étude à rosser ses petits compagnons, à jouer au magister mille et un mauvais tours. Il fallut le chasser, et comme sa réputation de mauvais sujet était déjà bien établie, on ne put trouver désormais d'école où on voulût de lui; cependant quelques personnes charitables essayèrent de lui apprendre à lire; elles furent bientôt forcées d'y renoncer.

Une jeune fille bien sage et bien instruite se chargea de lui apprendre son catéchisme; elle y serait parvenue à force de soins et de douceurs, mais la petite institutrice avait cinq élèves; la paix ne fut pas de longue durée dans ce petit Etat; il fallut chasser de nouveau l'incorrigible Mondeux. Enfin, un fermier le prit, moyennant une livre de pain et deux sous par jour, pour maître d'arithmétique de son fils, et le garda deux mois.

C'est ici le moment d'expliquer comment se développa chez le jeune Mondeux cet étonnant instinct arithmétique qui fit de lui un enfant prodigieux.

Dès sa plus tendre enfance, dit M. Cauchy dans son rapport à l'Académie des sciences, le jeune Henri Mondeux, s'amusant à compter des cailloux rangés à côté les uns des autres, et à combiner entr'eux les nombres qu'il avait représentés de cette manière, rendait sensible, à son insu, l'étymologie latine du mot calculer.

A cette époque de sa vie, les systèmes des cailloux semblent avoir été plus particulièrement les signes extérieurs auxquels se rattachait l'idée de nombre, car il ne connaissait pas encore les chiffres. Quoi qu'il en soit, après s'être longtemps exercé au calcul, comme nous venons de le dire, il finit par offrir aux personnes qu'il rencontrait de leur donner la solution de quelques problèmes, par exemple de leur apprendre combien d'heures, ou même de minutes, se trouvaient renfermées dans le nombre d'années qui exprimait leur âge. On lui donnait quelques pièces de monnaie, qui suffisaient à son existence. Les fortes têtes du village proposèrent à Mondeux des problèmes à leur façon ; Henri les eut bientôt surpassés. A son tour, il les embarrassait et les effrayait même, tant ils finissaient par rester en arrière. Le bruit de son savoir se répandit alors dans tout le canton, et c'est a ors aussi que commença cette vie pleine d'étourderies et d'incartades de tout genre, qui nous a jusqu'ici mal édifiés.

Les jours de fête, il était appelé chez les propriétaires des environs de Mont-Louis, pour amuser la société. Là, il gagnait quelque argent avec ses solutions de problèmes. On avait fini par s'intéresser vivement à lui ; on l'avait deviné. Dès lors, M. Touchard, maire de la commune de Mont-Louis, avait des vues sur lui ; mais tous les efforts de la bienveillance échouaient devant cette nature rude et indisciplinable.

Henri, après avoir été ballotté d'une place à une autre pendant plusieurs années, était entré dans une ferme aux environs de Tours, grâce à Baptiste Mondeux, son troisième frère ; il avait pour traitement trois paires de sabots, du pain noir et quelquefois un peu d'ail ; pour mission, de garder des vaches, comme devant. C'était dans les prairies du Cher, situées entre l'avenue de Grand-Mont et le canal. Au milieu de la Turcie, qui réunit l'avenue du canal et la levée, se trouvent une espèce de rotonde en terre et un banc de pierre où se reposent les promeneurs. Henri, dans l'espoir de gagner quelque argent, rôdait toujours autour de ce banc ; s'il y rencontrait quelqu'un, vite il lui faisait de petits calculs ; il reçut une fois vingt sous, et il fut transporté de joie.

Mais tous les jours n'étaient pas heureux pour lui ; tous les jours on ne lui donnait pas vingt sous. Une fois, il avait perdu un couteau qui lui avait bien coûté deux sous ; il pleurait et se désespérait. Des dames le rencontrent, le questionnent, et s'efforcent de le consoler. Oh ! Mesdames ! dit l'enfant, si je savais aussi bien deviner que carculer, je ne chercherais pas longtemps ce que j'ai perdu. — Tu calcules donc bien, mon enfant ? lui dit l'une d'elles — Oui, Madame, répondit Henri en s'essuyant les yeux. Tenez, dites-moi votre âge en années, et j'vas vous le dire tout de suite en secondes. On accusa dix-neuf ans. — Vous avez, dit Henri, 599,184,000 secondes.

Cette dernière aventure fut racontée à M. Jacoby, jeune et savant instituteur de Tours, qui vérifia le calcul, et le trouva d'une exactitude absolue. Il résolut donc de voir le petit pâtre ; mais ce ne fut qu'après un mois de recherches qu'il y parvint.

Lorsqu'il découvrit Mondeux, il était dans l'attitude d'un homme qui pense profondément, appuyé sur son bâton et les yeux fixés au ciel. « L'expression de sa physionomie, sa pose, tout en lui me frappa, dit M. Jacoby, et j'avais deviné qu'il était l'enfant que je cherchais, avant même qu'il m'eût adressé la parole. »

Quand Mondeux lui demanda quelle heure il était : Il est la moitié du tiers des trois quarts de douze heures, dit M. Jacoby. Oh ! Monsieur ! je vous dirai ben alors quelle heure il est, répliqua l'enfant ; tenez il est une heure et demie. Le tout fut l'affaire d'une minute ; et ce qu'il y a d'incroyable, c'est qu'Henri n'avait pas la plus légère connaissance des fractions. D'autres questions lui furent adressées, et il y satisfit de même, avec promptitude et précision. M. Jacoby lui demanda s'il serait content d'apprendre à lire ; Henri accepta. Mais, ajoute M. Jacoby, il ne fut pas plus heureux que moi : il lui fallut plus d'un mois pour retrouver mon nom et ma demeure. Enfin, il eut le courage de faire chaque soir, presque nu-pieds et à peine couvert de haillons, dans le temps le plus rigoureux de l'hiver, près d'une lieue pour venir s'asseoir sur les bancs de l'école. La saison de garder les vaches était passée, et, son engagement fini ; M. Jacoby résolut de le recueillir tout-à-fait dans son institution. L'idée qu'il s'était faite de Mondeux à la première vue ne s'affaiblit pas avec le temps ; elle grandit même en quelques mois, à ce point qu'il reconnut définitivement en lui un phénomène, et prit la résolution de le présenter aux corps savants de l'Europe, comme émule de Mangiamèle, s'il ne lui était pas supérieur. On sut bientôt dans toute la Touraine et au-delà ce qui était arrivé. Les visiteurs affluaient chez M. Jacoby. Pour satisfaire toutes les curiosités, il fixa un jour de réunion ; il fit un appel aux notabilités de son département et des environs. Henri fut admirable dans cette première séance, qu'il avait attendue impatiemment. Quelqu'un lui ayant demandé la somme des carrés des 32 premiers nombres, il répondit immédiatement 11,440. « Ce n'est pas juste, dit l'interrogateur. — Oh ! je crois bin qu'si, reprit l'enfant; attendez, j'vas le refaire. Ayant obtenu le même résultat, il soutint son dire. — Mais j'ai fait mon opération. — Et moi aussitte, répondit Henri. — Qui de nous deux se trompe ? Oh ! Monsieur, fit-il avec force, je vous soutiendrai bin jusqu'à la mort que j'ai raison. » L'opération refaite, l'interrogateur, qui était le savant Bau de Moulin, ingénieur des ponts-et-chaussées, se mit à rire et dit à l'assemblée : « Ce petit coquin-là va nous donner des leçons ; c'est moi qui avais fait erreur. »

Dès ce moment la réputation de Henri Mondeux alla toujours en croissant ; il parcourut l'Orléanais et la Bretagne, étonnant tous ceux qui l'entendaient. Enfin, il vint au mois de novembre 1841 à Paris ; il fut reçu avec une extrême faveur. L'Institut l'accueillit avec intérêt, et nomma une commission pour l'examiner.

Tous les journaux de la capitale ont parlé de cette séance, où Mondeux, quoiqu'intimidé légèrement par un spectacle si nouveau pour lui, étonna et confondit d'admiration ces savants interrogateurs.

La figure de Henri Mondeux, dit son historiographe, est d'une expression remarquable. Il a la tête vaste, le front large et saillant, malgré l'épaisse chevelure noire qui flotte sur ses deux tempes, le nez à inflexion capricieuse, comme les Hottentots l'aiment à leur type de beauté ; ses lèvres sont roses et souriantes, minées et un peu dédaigneuses ; toute sa figure est fleurie et abondante de sève. Son œil est vif, limpide, puissant, doux et fin ; sa voix claire et vibrante ; son langage est simple et naïf. S'il soutient une conversation commune, il y sème les incorrections les plus pittoresques; mais, une fois rentré dans sa sphère mathématique, il se perfectionne et grandit; son vocabulaire est académique, comme celui de M. Arago. Mondeux est d'une taille ordinaire, mais d'une force de constitution bien rare à son âge. Ses épaules sont largement développées. Le thorax, disent les phrénologistes, est proéminent et dénote une forte constitution dans l'appareil respiratoire; les contours du cou sont très gracieux.

Heureux enfant, remerciez Dieu de ses grâces, et soyez modeste pour être digne d'être savant; bon, pour être digne d'être heureux.

————

# ANTOINE CANOVA

Quand on voit de quelle profonde obscurité le génie peut tirer un homme, et combien il peut l'élever haut, on est tenté de dire à chaque enfant qui montre un talent précoce : « Ne te rebute devant aucun obstacle; n'écoute pas la voix qui t'enseigne un autre chemin, va où ta vocation te conduit; tranche les liens qui voudraient t'arrêter dans ta course; marche toujours et tu arriveras. »

Mais, hélas ! pour quelques-uns qui ont fait heureusement le périlleux voyage qui mène à la gloire, tant d'autres sont tombés sur le chemin, qu'il n'est pas bon de dire à tous : « Allez, et vous arriverez. » Pour aujourd'hui, je ne veux parler que d'un de ces prédestinés qui ne vont que de succès en succès, rencontrant ici la fortune, plus loin les honneurs, puis enfin l'immortalité de cette aventureuse carrière des arts, où le plus grand nombre se traîne si péniblement.

C'est au petit village de Passagno, situé dans l'ancien Etat vénitien, que l'illustre Antoine Canova vit le jour, en 1747. Le sénateur Jean Falieri était seigneur de ce village; un jour qu'il donnait un grand dîner, on servit à sa table, parmi les ouvrages de pâtisserie, l'image d'un lion parfaitement sculpté en beurre. Cette pièce inattendue causant autant de surprise au seigneur Falieri que d'admiration à ses nombreux convives, il ordonna qu'on fît monter son cuisinier, car il voulait féliciter celui-ci en présence de l'assemblée, tant il était satisfait de ce merveilleux ouvrage. Le cuisinier fut introduit dans la salle du festin ; on le combla de tant de félicitations que les larmes lui en vinrent aux yeux. « Tu pleures de joie ? lui dit son maître. — Non, monseigneur ; c'est de désespoir de ne pas avoir fait l'ouvrage qui me vaut d'aussi grands compliments. — J'en veux connaître l'auteur, dit Jean Falieri. Le cuisinier se retira en annonçant que monseigneur allait être obéi, et quelques minutes après l'artiste lui fut amené ; or, cet artiste, c'était un petit paysan âgé de dix ans à peine, assez mal costumé, car ses parents n'étaient pas riches ; cependant ces braves gens avaient mieux aimé se mettre à la gêne que de refuser à leur fils des leçons de dessin qu'un professeur avait bien voulu se charger de lui donner au prix le plus médiocre. Antoine Canova avait montré de bonne heure les plus heureuses dispositions pour la statuaire; il modelait avec goût la terre glaise quand il pouvait s'en procurer, et sculptait à l'aide de son couteau de petites figures avec tous les éclats de bois qui étaient à sa disposition. Les parents d'Antoine Canova connaissaient le cuisinier du sénateur Jean Falieri ; le jour de ce grand dîner, il vint leur faire part de l'embarras où il était pour compléter le service symétrique de la table, il avait épuisé tout ce que son art et son imagination pouvaient lui fournir de ressources, mais il lui manquait encore un plat à effet, capable de produire une de ces grandes sensations qui assoient sur une base large et solide la réputation d'un cuisinier de grande maison. Le petit Canova réfléchit et dit ensuite : « Ne soyez plus en peine : j'irai tantôt vous trouver, vous me laisserez faire, et je vous réponds que votre service sera complet. » L'enfant alla, comme il avait promis, trouver le cuisinier du sénateur ; il lui montra le dessin de la figure qu'il voulait exécuter, répondit du succès de l'entreprise, et tailla le bloc de beurre avec cette pureté d'imagination et ce goût parfait dont il donna plus tard tant de preuves en taillant des blocs de marbre. Si les convives avaient été surpris à l'aspect de l'ouvrage, ils le furent bien plus encore quand on leur présenta l'artiste ; on combla l'enfant de caresses, et, dès ce moment Jean Falieri se déclara le protecteur d'Antoine Canova. Cet heureux coup d'essai du petit paysan de Possagno rendit tout à coup son nom célèbre, et lui ouvrit la route des succès. Falieri le plaça dans l'atelier du vieux Torreti, le meilleur sculpteur du temps. Deux ans après, c'est-à-dire lorsque Antoine Canova comptait à peine douze ans, il envoya à son Mécène deux corbeilles de fruits en marbre qui ornent encore maintenant le palais Falieri, à Venise.

D'autres vous diront, mes enfants, quels sont les titres de ce grand et laborieux artiste à l'admiration de la postérité. Toutes les académies du monde savant sollicitèrent l'honneur de le compter au nombre de leurs membres; tous les rois de l'Europe se disputèrent la gloire d'enrichir les musées de leurs Etats de ses sublimes ouvrages. Le pape Pie VII voulut que le nom d'Antoine Canova fût inscrit au livre d'or du Capitole. Il fut élu prince perpétuel de l'académie de saint Luc à Rome, et ce titre depuis sa mort n'a été déféré à aucun autre artiste. La cérémonie funèbre dont on honora ses restes fut la plus pompeuse qui eût été consacrée aux arts depuis la mort de Raphaël.

# NICHOLS

Un soir de l'année 1758, vous auriez vu dans la pièce principale d'une petite ferme de **Fré-meri**, dans le comté de Cork, en Irlande, un de ces petits tableaux d'intérieur qui réjouissent les yeux et le cœur; c'étaient deux anciens amis qui se revoyaient après une longue sépa-ration. L'un d'eux était un marchand ambu-lant originaire du comté de Limerick; l'autre était le propriétaire de la petite ferme où nous nous trouvons; il avait fêté l'arrivée de son ami par un joyeux festin, et se faisait raconter par le marchand ce qui lui était arrivé depuis le jour de leur séparation.

— Tu sais, disait notre marchand, que je n'ai jamais eu beaucoup de goût pour l'agri-culture : un jour mon père reçut la visite d'un négociant de ses amis, et j'appris qu'il achetait de très belles laines en Connacie, où elles étaient d'un prix peu élevé, et qu'en allant les vendre à Dublin il amassait de grands béné-fices. Quelque temps après, mon pauvre père mourut ; je partis avec le peu d'argent provenant de la succession de mon père, j'ai fait de bonnes affaires, et me voilà de retour de mes voyages, content de retrouver mon meilleur ami, et pouvant aujourd'hui jouir enfin de cette fortune que j'ai si péniblement amassée et qui a failli me coûter bien des fois la vie.

Le fermier avait plusieurs enfants ; un seul, le plus âgé, était resté près du marchand, et il écoutait avec une curiosité insatiable les récits du voyageur.

Ce jeune garçon avait au plus dix ans; c'était un de ces enfants à l'humeur sombre, qui ont le malheur d'être vieux avant l'âge, qui réfléchissent et méditent comme des hommes faits; il s'appelait Nichols. Comme le marchand de laine, ayant peu de goût pour l'agriculture, il comprenait que sa vie devait se passer en voyages, et que son instinct naturel devait le pousser au négoce. Le marchand partit bientôt, mais Nichols, plein du souvenir de ce qu'il avait entendu, résolut dès ce jour d'aller en Connacie trafiquer sur les laines, et sachant bien que son père s'opposerait avec force à son départ, un beau matin il partit du toit paternel, sans tambour ni trompette, avec un bâton de voyage et deux ou trois chemises de rechange, le cœur plein d'espérance et la poche vide d'argent.

Un enfant ordinaire aurait renoncé dès le soir même à ses projets extravagants, mais Nichols avait une force de volonté peu commune, et quoiqu'il fût obligé d'avoir recours à la charité publique, quoiqu'il fût forcé de coucher chaque soir à la belle étoile ou dans quelque écurie, il n'en continua pas moins sa route, persévérant dans son dessein.

Chemin faisant, Nichols fit connaissance d'un roulier qui allait à Galwai, port de mer assez fréquenté de la Connacie, et le supplia de l'admettre à son service. Le roulier fut charmé de la physionomie et de l'audace de son jeune compagnon, et le marché fut conclu.

Arrivé à Galwai, le roulier se rendit chez un riche banquier pour y toucher l'argent de son chargement, et y conduisit Nichols. Là ils apprennent que le banquier est le baron de Baltimore, et que ce baron est aussi bienfaisant qu'il est riche.

Nichols avait bien l'intention de se livrer au plus tôt au négoce, mais pour commencer il lui eût fallu de l'argent; c'était ce qui lui manquait. Après avoir mûrement réfléchi, il se décida à aller trouver ce baron de Baltimore que l'on disait si bon, et à lui demander de l'argent pour commencer ses opérations. Il sut si bien charmer le banquier par son esprit, sa raison et son audace, qu'il le détermina à lui prêter une somme de cent trente écus.

Dès le lendemain, il se met en route.

Il va, vient, s'informe avec adresse, discrétion, se démène si bien, qu'après un mois de voyage il revient à Galwai avec une provision de laine achetée dans de bonnes conditions. De Galwai il se transporte dans les comtés les plus manufacturiers, vend ses laines, prend des commissions pour en fournir d'autres dans un court délai. Partout sa jeunesse inspire l'intérêt, sa probité gagne la confiance; sa raison, son activité étonnent. A peine avait-il travaillé une année, qu'il avait déjà décuplé sa mise de fonds. Son premier soin fut alors d'aller trouver son bienfaiteur pour lui remettre les cent trente écus qu'il lui avait prêtés. Il rendit compte au baron de Baltimore de toutes ses opérations, écouta ses conseils, et repartit cette fois avec des fonds, du crédit et de l'expérience ; aussi fit-il les plus brillantes affaires.

Nichols avait déjà de la raison, qualité assez rare ; en voici une preuve : loin de proclamer ses succès, il les cachait avec soin. Il n'apporta aucun changement dans ses habitudes ; toujours sobre, économe, rangé, actif, il conservait ses habits de bure, ses gros souliers. « Je suis couvert, disait-il à ceux qui lui demandaient la cause de cette conduite, cela me suffit. Par mes beaux habits, je tenterais les voleurs, ou, tout au moins, je serais rançonné par les aubergistes. Un homme bien mis doit manger, boire et dormir en conséquence ; avec mes habits grossiers, je me contente de peu, je couche dans l'écurie à côté de mes chevaux ; je veille moi-même à ce qu'il ne leur manque rien, et je m'en trouve bien. »

Nichols atteignit ainsi sa treizième année ; ce n'était plus déjà le pauvre petit paysan de Frémeri, mais bien monsieur Nichols, négociant aisé, considérable et considéré ; ses affaires avaient pris une grande extension ; il avait établi le centre de ses opérations à Galwai, comme pour se mettre à l'ombre de son riche protecteur. Modeste au milieu de ses succès, il recherchait toujours avec empressement les conseils du baron de Baltimore.

Il avait quinze ans quand il entreprit un voyage dans le royaume de Lagénie, il s'était fait accompagner d'un domestique qui le servait depuis un an; il fit dans cette province des affaires assez heureuses, et il revenait à Galwai avec une somme très forte en numéraire. Le domestique qui l'accompagnait forma alors le criminel projet d'assassiner son jeune maître et de s'emparer de sa fortune. Ils s'étaient un jour arrêtés dans une chaumière, n'ayant pas trouvé d'hôtellerie sur leur route pour passer la nuit. Nichols était enseveli dans le plus profond sommeil; le scélérat veillait pour exécuter son infâme projet.

Croyant le moment opportun, il s'arme d'un grand couteau qu'il porte habituellement sur lui; il s'avance sur son maître et lui en donne un coup qui heureusement ne l'atteignit que dans l'épaule gauche. Nichols pousse nn cri terrible, se lève, se précipite sur son ennemi, qui, effrayé, interdit, veut prendre la fuite; mais le jeune Nichols l'étreint dans ses bras vigoureux, le terrasse, lui prend son couteau et va lui en percer le cœur, quand il reconnaît avec effroi son infidèle domestique. Il s'arrête, jette au loin l'arme encore sanglante : « Sauve-toi, misérable ; sauve-toi, ou tu es mort. »

Cet événement fit faire à Nichols de sérieuses réflexions. Jamais il n'avait oublié sa famille ; honnête et vertueux, il ne pouvait être mauvais fils : mais il s'était promis, en la quittant, de ne la revoir que lorsqu'il pourrait par ses succès se faire pardonner sa faute. Le danger qu'il venait de courir lui inspira le désir de revoir au plus tôt ses parents. « Si je venais, se dit-il, à perdre la vie par un crime, au moins faut-il que je fasse le bonheur de ceux pour qui j'ai entrepris toutes mes fatigues, et qu'ils recueillent le fruit de mes travaux. » Il réalisa ses marchandises, et se mit en route pour Frémeri.

Avant son départ, un devoir sacré lui restait à remplir ; il alla voir le baron de Baltimore, et lui remettant son portrait, qu'il avait fait peindre tel qu'il était quand il vint implorer les secours du baron : « Mon cher bienfaiteur, lui dit-il, je vais partir, et qui sait si je vous reverrai jamais ? Permettez-moi de vous offrir ce petit cadeau ; vous le garderez en souvenir de moi, et quand vos regards se tourneront vers lui, vous direz : Voilà un petit paysan dont j'ai fait le bonheur. »

« Cher enfant, lui dit le baron en le pressant sur son cœur, ce portrait me sera toujours cher ; tu peux compter que tu as en moi un ami dévoué. »

Nichols ne voulut pas prévenir ses parents de son arrivée à Frémeri ; il laissa son bagage à l'auberge et se rendit chez eux, couvert de ses plus mauvais habits. A sa vue, sa mère qui l'aimait tendrement, s'évanouit.

Son jeune frère courut à lui pour l'embrasser ; mais quand il alla pour presser son père sur son cœur, celui-ci le repoussa : « C'est vous, bon sujet? » lui dit-il. Et regardant ses habits usés, il ajouta : « Voilà comme vous nous revenez, monsieur le négociant? Ah! vous avez fait une belle équipée, à ce qu'il paraît. — Mon père, dit Nichols avec respect, vous me condamnez sans m'entendre ; soyez sûr cependant que je reviens digne de vous, et ne me refusez pas vos embrassements. » Ayant embrassé son père, il courut à sa mère qui avait repris ses sens, et la combla de caresses. Nichols avait avec lui des cadeaux considérables pour chacun des membres de sa famille.

On ne saurait se peindre l'étonnement de tous à la vue de ces richesses qu'apporta, un instant après son arrivée, le domestique qu'il avait laissé à son auberge.

« J'ai mal agi, mon père, dit-il, en m'éloignant du toit paternel sans votre consentement; mais vous n'auriez jamais consenti à mon départ, et quelque chose me disait que je ferais mon bonheur et le vôtre. Pour ne pas vous désobéir, je ne vous ai pas consulté; mais Dieu a vu mes intentions, et il a béni mes efforts. Vous étiez pauvres; vous êtes riches aujourd'hui, et moi je suis heureux, car j'espère avoir fait votre bonheur. »

Nichols, habitué au travail de bonne heure, ne put rester longtemps dans l'inaction; il se rendit à Dublin, recommença son commerce et devint bientôt l'un des plus considérables négociants de cette opulente cité.

# CANDIAC DE MONTCALM,

NÉ A CANDIAC, PRÈS DE NIMES, EN 1719.

Le marquis de Montcalm avait reçu de son père une éducation solide et distinguée, aussi eut-il à cœur d'en procurer une semblable à son fils. Il savait, par l'expérience de tous les temps, que les titres de noblesse, la fortune et les honneurs ne sont que des avantages passagers ; mais que les talents, l'instruction et la sagesse n'ont rien à craindre des caprices du sort, ni des révolutions. Se fondant sur cette vérité, ce père aussi éclairé que tendre entoura son jeune héritier des maîtres les plus habiles ; il ne balança pas à faire à cet égard des dépenses que d'autres prodiguent pour des superfluités, au mépris des choses honnêtes et nécessaires.

Bien différent des routiniers qui n'ont pas plus réfléhi qu'étudié, et qui se croient en état d'enseigner parce qu'ils enseignent, les instituteurs du petit Candiac simplifièrent pour lui les premiers éléments des sciences. Ils les lui présentèrent surtout accompagnés de tant de variétés et d'attraits, que l'élève ne manifesta jamais nulle répugnance pour apprendre.

Ce que nous touchons fréquemment, ce qui s'offre à nos yeux sans prétention et sans entraînement, se grave aisément dans notre mémoire. On imagina en conséquence de tracer sur des cartes et d'autres pièces mobiles les différents caractères de l'alphabet. A force de les palper, de les remuer et de les comparer, le petit Candiac parvint à les distinguer dès l'âge de quinze mois; il suffisait de lui demander un B, un X, un Z, etc., il courait vite chercher la lettre et l'apportait tout joyeux à la personne qui la lui avait demandée.

Ce premier pas franchi, on employa d'autres moyens non moins ingénieux pour initier le jeune élève dans la lecture. Bien que la langue française soit remplie de règles contradictoires et de difficultés renaissantes, il y avança cependant à grands pas. On assure même qu'à l'âge de trois ou quatre ans, il lisait et prononçait très bien le français, et même les caractères grecs lui étaient également familiers, soit dans les imprimés, soit dans les manuscrits chargés de lettres liées.

On est malheureusement forcé d'user souvent de menaces et de châtiments à l'égard de beaucoup d'enfants pour les faire étudier : il n'en était pas de même du docile Candiac. Singulièrement sensible à la louange, une parole engageante, une douce caresse stimulait puissamment son amour-propre, et il exécutait bien au-delà de ce qu'on pouvait lui prescrire. Telle était même son ardeur pour apprendre, qu'on était obligé de lui cacher les livres qu'il dévorait. Lorsqu'il eut quatre ans accomplis, on lui enseigna les principes abstraits du latin; en moins de dix mois, il fut en état d'expliquer les vies de Cornelius Nepos et l'histoire universelle de Justin.

Outre les langues anciennes, ce studieux enfant apprit encore l'arithmétique, la géographie, l'histoire, la géométrie, les antiquités. Toutes ces sciences, pour lesquelles il semblait né, lui devinrent familières en peu de temps; ses maîtres pouvaient à peine le suivre, et ils demeuraient non moins étonnés de la rapidité de ses progrès que de la justesse de son raisonnement.

Lorsque les autres enfants, dit l'abbé Mônnoie, bégayent à peine la croix-de-Jésus, le fils du marquis de Montcalm avait déjà lu et même extrait une foule d'historiens, d'orateurs, d'épistolaires, de philosophes, de grammairiens, et sa réputation, croissant de jour en jour, s'étendait bien au-delà des foyers paternels. Montpellier, Nîmes, Uzès, Lyon, Grenoble, Paris même, le centre des lettres et des bonnes études, Paris, dis-je, payaient un juste tribut d'admiration à tant de savoir accumulé dans une tête si jeune encore. Les papiers publics étaient remplis de récits flatteurs sur ce phénomène littéraire, et l'on rapportait à son égard une foule de particularités intéressantes.

C'est avec une vraie satisfaction que je viens de tracer l'esquisse rapide des études et des succès littéraires du jeune Candiac; mais elle serait bien plus vive encore, si j'avais quelque particularité à rapporter sur son caractère et sa conduite. Cependant, quel que soit le silence des écrivains à cet égard, la vie de cet enfant illustre n'en peut pas être moins intéressante du côté des mœurs. Peut-on avoir du goût pour les Muses sans y réunir la douceur et l'amabilité qui s'accordent si bien avec leur commerce enchanteur.

Vains appréciateurs du mérite et de la gloire, la plupart des hommes applaudissent à l'orgueilleux succès de ceux qui écrasent et humilient leurs rivaux. Les écrivains eux-mêmes ne préconisent que les talents brillants et les dons de l'esprit ; c'est à peine s'ils daignent faire attention aux qualités inappré-ciables du cœur et de l'esprit. Sans elles, cependant, qu'importe tout le génie du monde ? qu'importe le savoir ? qu'importe la renommée ? Une action vertueuse, une preuve de sensi-bilité, les divines étreintes de l'amitié cares-sante, l'expression simple d'un sentiment affec-tueux, valent infiniment mieux que l'illustra-tion acquise par dix triomphes.

Quoi qu'il en soit, ce prodige naissant ne fit que paraître sur la scène du monde ; soit que l'excès de l'application et des veilles eût affaibli sa santé, soit qu'il fût né avec une complexion trop délicate, il fut moissonné dans sa fleur. Mais telle est la prérogative de l'esprit, tel est l'ascendant du mérite, ainsi que le cœur, il ne se mesure point par les années. Les travaux de ce jeune érudit lui ont acquis une gloire immortelle; quoiqu'il n'ait point fourni une carrière de trois lustres, à beaucoup près, la renommée n'a pas dédaigné de lui assigner un rang distingué dans le temple de Mémoire, parmi les beaux génies qui ont illustré leur pays par des succès littéraires ou par d'autres travaux utiles à la chose publique.

Les connaissances variées et la réputation du jeune Candiac attiraient chez ses parents une foule de personnes qui se faisaient un plaisir de causer avec lui et de l'entendre. Son père ayant réuni un jour chez lui cinq ou six académiciens distingués, la conversation tomba naturellement sur les sciences. Chacun agita une question : les uns sur la géométrie, les autres sur l'histoire, ceux-ci sur les langues; l'enfant, qui était timide, n'osa d'abord se mêler à la conversation, et il se renferma dans les bornes d'un silence respectueux en présence de savants consommés, qu'il regardait comme ses maîtres. Invité cependant à parler à son tour, il prouva bientôt qu'il n'était pas étranger aux matières profondes dont il était question ; il fit même des observations qui avaient échappé aux personnes présentes, et qu'on n'attendait guère de son âge.

Le petit Montcalm avait une mémoire étonnante, et la géographie ne lui était pas moins familière que le reste. Il surprit encore toute la compagnie à cet égard. En effet, ayant demandé aux convives le nom de leur province et du lieu de leur naissance, il prit de la craie et se mit à tracer rapidement sur le parquet une carte de France. Quand son plan fut achevé, il montra à chacun le lieu, la situation respective, la distance, l'exposition de son pays natal; il cita les batailles qui s'y étaient livrées, les rivières qui l'arrosaient et les hommes célèbres qu'on y avait vu naître. Il accompagna ensuite cette opération de remarques sur l'histoire naturelle et sur les antiquités.

Peu éblouie de ce vaste savoir, une dame fort instruite s'imagina que le jeune Candiac était un perroquet qui répétait sa leçon et qui ne savait que des mots. En conséquence de cette opinion, elle lui parla de la conquête du Pérou par les Espagnols : « Vous ne sauriez refuser une juste admiration, lui dit-elle, à la découverte du Nouveau-Monde par Christophe Colomb : car enfin, le sucre et les sirops de Saint-Domingue sont d'excellentes choses. Qu'en pensez-vous? — Ceci est un grand problème à résoudre, reprit Candiac d'un ton sérieux : il ne m'appartient pas de prononcer à mon âge ; cependant, je ne crois pas que nous soyons devenus plus riches avec l'or du Pérou, ni plus heureux avec des besoins que nous ne connaissions pas auparavant. »

Charmée de l'à-propos et du sens de sa réponse, la dame prit l'enfant entre ses bras, puis regardant le marquis de Montcalm, elle s'écria : « Quel ornement ! quelle consolation pour un père d'avoir un fils si instruit et si bien élevé ! Ah ! que n'en ai-je un semblable, au prix de la moitié de ma fortune ! Je me trouverais encore assez riche de posséder un tel trésor ! »

----

# MARTIALI,

### DIT L'HOMME AU MASQUE DE FER.

Le secret de sa naissance est inconnu ; mais voilà ce que le monde raconte :

La reine Anne d'Autriche, femme de Louis XIII, ayant mis au monde le dauphin, qui

devait être un jour notre Louis XIV, éprouva
bientôt après, et de nouveau les douleurs de
l'enfantement; mais déjà la cour et Paris sa-
vaient que Louis XIII avait un successeur;
ainsi l'enfant nouveau-né avait conquis son
droit d'aînesse. Cependant celui qui allait
naître pouvait lui disputer ce droit; car les lois
voulaient que le dernier venu de deux jumeaux
fût reconnu pour le chef de la famille. Louis XIII
et ses conseillers ne purent penser sans effroi
aux troubles que cette double naissance pouvait exciter un jour dans le royaume : on
décida que Louis XIV régnerait, et son frère
jumeau fut sacrifié.

Voilà ce que disent quelques chroniqueurs;
voilà ce que les historiens n'ont point osé dé-
mentir. Est-ce bien là l'origine de l'homme au
masque de fer? nous ne le savons pas, on ne le
saura jamais; mais qu'importe s'il fut ou non
victime d'un intérêt politique ; il est un fait que
personne ne pourra révoquer en doute : c'est
l'existence de ce malheureux prisonnier condamné à ne jamais montrer ni son sourire ni
ses larmes.

Quoiqu'il ait vécu environ soixante ans,
nous le plaçons au nombre des enfants martyrs,

attendu que toute sa vie ne fut qu'une longue enfance. Qu'est-ce, en effet, qu'être homme? c'est agir, c'est combattre, c'est triompher ou tomber dans une lutte ; c'est user de sa raison ou de sa force ; c'est pouvoir marcher, le front haut, à la face du soleil ; c'est parcourir bien ou mal sa carrière ; c'est remplir des devoirs de famille ; c'est exercer des droits de citoyen; c'est pouvoir demander des secours à la société ; c'est avoir le bonheur de lui rendre des services ; c'est enfin ne mourir qu'après avoir vécu. Mais était-ce donc vivre que de traîner de prison en prison une existence sans but, dont la plus douce espérance était le tombeau !

Quand celui qu'on appela Martiali, car il fallut bien lui donner un nom, quand ce malheureux, dis-je, fut incarcéré mystérieusement dans le château de Pignerolles, aucun personnage un peu considérable ne disparut de la scène du monde. Cependant des précautions extraordinaires furent prises pour que personne ne pût pénétrer le secret de son emprisonnement. Il fallait que le captif fût d'illustre race, car, malgré sa fierté habituelle, le gouverneur de Pignerolles, M. de Saint-Mars, ne parlait à son prisonnier que la tête

découverte et debout ; quant aux autres ser-
viteurs du château, ils n'avaient ordre de s'approcher de lui qu'avec des marques du respect
le plus profond ; enfin, lorsque Louvois, le
superbe et orgueilleux ministre de Louis XIV,
vint de la part de son auguste maître visiter
le prisonnier, il se tint respectueusement devant lui comme s'il avait été en présence du
grand roi, et même il ne voulut jamais se
mettre à table avec Martiali, bien que celui-ci
l'en priât. On prétend en outre que le ministre
ne crut pas s'abaisser en servant à table l'illustre inconnu.

« L'homme au masque de fer, dit Voltaire,
dans le *Siècle de Louis XIV*, était d'une taille
au-dessus de la moyenne, et parfaitement
prise ; sa peau était brune, mais douce ; il
aimait le linge fin, les dentelles, les bijoux et
la toilette ; son éducation semblait avoir été
cultivée ; la lecture et la musique étaient ses
seules distractions. »

Voltaire dit aussi que sa figure était belle et
douce. Comment et où l'avait-il vue ? Voilà ce
qu'il n'explique pas : mais ce qu'il y a de certain, c'est que le secret de l'homme au masque

de fer lui fut révélé et qu'il ne voulut pas le dire.

C'est quelque temps après la mort du fameux cardinal-ministre, nommé Mazarin, qu'on envoya dans le plus grand secret, au château de l'île Sainte-Marguerite, en Provence, ce prisonnier inconnu. Il portait dans la route un masque dont la mentonnière avait des ressorts d'acier qui lui laissaient la facilité de manger, tout en conservant le masque sur son visage. On avait ordre de le tuer s'il se découvrait le visage.

Martiali était depuis longtemps dans sa prison, dont la fenêtre grillée donnait sur la mer, lorsqu'un jour, las sans doute d'une captivité qu'il savait devoir être sans terme, le prisonnier écrivit quelques lignes avec la pointe de son couteau sur une assiette d'argent qu'il jeta par la fenêtre ; l'assiette tomba dans un bâteau qui se trouvait presqu'au bas de la tour. On surveillait avec tant de soin tout ce qui se passait de ce côté du château, que le gouverneur fut bientôt instruit de l'action du prisonnier ; il envoya chercher le batelier, et lui offrit une récompense en le priant de lire ce qu'il y avait sur l'assiette. « Je ne sais pas lire, dit le patron de la barque. » Le gouverneur le retint au château jusqu'à ce qu'il eût pris les informations les plus rigoureuses, et quand il fut bien certain que le batelier lui avait dit la vérité, et que l'assiette n'avait été vue par aucun autre que par lui : « Allez, lui dit de Saint-Mars en le renvoyant, vous êtes bien heureux de ne pas savoir lire ! »

Mais du fond de sa prison, l'homme au masque de fer ne se décourageait pas ; il lança une autre fois par la fenêtre une chemise sur laquelle il avait écrit, sans doute avec du sang, son véritable nom et sa déplorable histoire. Deux jours après le gouverneur lui rapporta cette chemise en lui disant : « L'ignorance a sauvé le batelier, celui à qui vous avez adressé cette chemise savait lire, il est mort ! C'est à vous maintenant de voir si vous voulez avoir à vous reprocher d'autres meurtres que celui-là. » Et après lui avoir parlé ainsi, M. de Saint-Mars brûla la chemise devant Martiali ; il ne sortit de la chambre de l'infortuné que lorsque les cendres furent éteintes. Le prisonnier cessa d'essayer de nouveau à communiquer avec le dehors, et il attendit la fin de sa captivité, c'est-à-dire celle de la vie.

On a bâti à propos de l'homme au masque de fer bien des fables, bien des drames, bien des romans; l'histoire seule est muette devant cette vie toujours murée, comme devant ce visage qui ne devait être démasqué que dans le cercueil. Le 10 novembre 1703, quelques années après que le prisonnier eut été conduit, toujours sous la garde du même geôlier, de Pignerolles à la Bastille, il y eut à la chute du jour un convoi pour ainsi dire clandestin, qui se dirigea de la prison d'Etat au cimetière de l'église Saint-Paul. On creusa une fosse, un cercueil y fut descendu, la terre le recouvrit bientôt; nul signe de deuil, pas même une simple croix de bois ne marqua la place où l'infortuné avait trouvé sa dernière sépulture: seulement, sur le registre de l'église, on inscrivit le nom de Martiali et la date de sa mort.

Tandis que l'on procédait aux tristes funérailles de l'homme au masque de fer, le gouverneur de la Bastille faisait soigneusement brûler sous ses yeux tout ce qui avait appartenu à Martiali. On reblanchit les murailles de sa prison; les carreaux de verre de sa fenêtre furent brisés; le ministre Louvois vint scrupuleusement visiter la chambre restaurée du prisonnier, et quand il se fut assuré qu'il ne restait aucune trace de sa longue captivité, lui aussi il dit : « C'est fini ! » Et il alla rendre compte à Louis XIV de ce qu'il avait vu.

Enfants, qui, par un beau jour de soleil, jouez librement à ciel ouvert, et qui respirez à pleins poumons l'air embaumé des champs, pensez un peu à cet autre enfant qu'on appelle l'homme au masque de fer, à ce malheureux qui sentit ses rides se creuser et qui ne vit ses cheveux blanchir qu'à travers cette figure d'airain qui couvrait son visage.

FIN.

# TABLE



FIN DE LA TABLE.


Limoges. — Eugène Ardant et

# ŒUVRES CHOISIES

# DE CHATEAUBRIAND

PRÉCÉDÉES D'UNE NOTICE SUR SA VIE ET D'UNE ANALYSE
DE SES OUVRAGES.

PAR

## A. DE SOLIGNAC

LIMOGES

EUGÈNE ARDANT ET Cⁱᵉ, ÉDITEURS.

9 782329 816692